如何说客户才会听

怎样做客户才会买

李晓龙 ◎ 著

立信会计出版社
LIXIN ACCOUNTING PUBLISHING HOUSE

图书在版编目（CIP）数据

如何说客户才会听，怎样做客户才会买/李晓龙著.
--上海：立信会计出版社，2017.3
（去梯言）
ISBN 978-7-5429-5386-5

Ⅰ.①如… Ⅱ.①李… Ⅲ.①销售－方法 Ⅳ.①F713.3

中国版本图书馆CIP数据核字(2017)第032345号

策划编辑　蔡伟莉
责任编辑　蔡伟莉
封面设计　仙境

如何说客户才会听，怎样做客户才会买
RUHESHUO KEHU CAIHUTING ZENYANGZUO KEHU CAIHUIMAI

出版发行	立信会计出版社		
地　　址	上海市中山西路2230号	邮政编码	200235
电　　话	（021）64411389	传　　真	（021）64411325
网　　址	www.lixinaph.com	电子邮箱	lxaph@sh163.net
网上书店	www.shlx.net	电　　话	（021）64411071
经　　销	各地新华书店		

印　　刷	固安县保利达印务有限公司		
开　　本	720毫米×1000毫米	1/16	
印　　张	15.5	插　　页	1
字　　数	221千字		
版　　次	2017年3月第1版		
印　　次	2017年3月第1次		
书　　号	ISBN 978-7-5429-5386-5/F		
定　　价	36.00元		

如有印订差错，请与本社联系调换

李晓龙

中国金榜策划专家
中国十大品牌专家
中国十大营销操盘手
中国事件营销第一人

李晓龙先生领衔创办的由北京、宁波等数十位营销精英组成的专业营销策划团队，致力于为企业、政府、大活动等提供系统、全面、专业的整合营销策划、品牌规划、事件营销、项目策划、活动策划、立体推广、渠道整合、媒介策略、营销培训及传播、商业模式打造等服务。

多年来，李晓龙营销策划有限公司与全国政府机构、权威媒体、行业专家、名人名流、协会组织及高等院校保持着紧密的战略合作关系和资源共享机制，为生产型企业向营销型或品牌型企业的转型、外贸型企业向内销型企业转型、区域性品牌向全国性品牌转型等提供一对一量身定制的整合营销策略是其公司的专长。

李晓龙经典策划案例：

2014—2015年，红太阳集团健康产业总策划，红太阳·世界村健康产业"宅连配"连锁全球布局启动；舟山国家远洋渔业一产、二产、三产整体策划，汤潮环保功能性涂料住建部上市。

2014年，奥克斯集团与浙大战略合作，开启奥克斯投资150亿元，打造千亿智慧型健康医疗服务集团。

2013年，酒中贵族——太阳谷冰酒营销开启中国"酒庄酒时代"。

2013年，保险箱柜业"两大巨头"永发朝友人民大会堂战略合作。

2012年，华宝石新型建材"贴片石"首发，两年成为中国建材行业首家"新三板"挂牌上市企业。

2011年，波特安秒速电热水器上市。

2011—2013年，整合营销助力极草开创冬虫夏草含着吃新时代，三年成就80亿元销售传奇。

2008—2014年，大梁山啤酒"牵手"八一男篮，四年整合营销成就本土啤酒品牌抗衡、领先全球最大及全国最大啤酒品牌传奇。

2010年，上海世博会宁波馆活动总策划，全球海选世博馆长（2010中国十大品牌案例）。

2009—2012年，koobee手机鸟巢激情上市三个月销量过亿（2009中国十大营销案例），两年销售30亿。

2000—2008年，奥克斯空调系列策划——公布《空调成本白皮书》、中巴之战、米卢世界杯、状告信产部、皇马世界杯。

前言

销售中所做的一切努力，都是为了让客户听从你的销售，将产品顺利地卖出去。只有你的口才打动了客户，你的说服才有效果。只有将产品卖给客户，销售才能达成最终目的。

如何说客户才会听？怎样做客户才会买？

"交易成功往往是口才的产物。"美国"超级销售大王"弗兰克·贝特格以自己近三十年销售生涯的经验总结出这样一句话。英国销售专家戴维·帕特也说过："销售是谈话的艺术。"销售员就是通过语言的魅力来做买卖，即靠说话的技巧说服客户，销售产品。

买卖不成话不到，话语一到卖三俏。一名出色的销售员一定有出色的说话能力。因为只有出色的说话能力，才能让客户感受到你的魅力，才能让客户心甘情愿购买你的产品。出色的说话能力是销售员走向成功的关键。对于销售员来说，要想赢得客户的喜欢，被客户接纳，就必须具备一定的交谈能力与说话技巧，只有这样，才能打开与客户沟通的大门，彼此的心灵才能产生共鸣，并为双方的交易搭起一座桥梁。

销售员通过能言善辩吸引客户、说服客户、销售成功。这种能言善辩当然不是口若悬河，夸夸其谈，而是要审时度势，说中客户心坎，与客户产生情感共鸣。销售员说话，不仅要准确、得体、热情，还要简洁、中肯、客观，更要善于以褒代贬，巧说会说，才能打动客户，激发起客户的购买热情，形成良好的销售气氛，为下一步的交易做好铺垫。

但销售员只具有良好的说话能力是不够的，打动客户、激发客户的购买兴趣只是完成了销售的一半。只有把产品顺利卖给客户，交易才能完成，整个销售活动才算真正结束。正如销售大师乔·吉拉德所说："不管以前做了多少，如果没有到成交那一刻，我们以前所做的一切都不值一提。"促成交易、卖出产品是销售员所追求的最终目的，为使客户作出有利于销售的最后决定，使销售工作得以圆满成功，销售员应该采取积极灵活的销售策略，使客户作出抉择，促成交易成功。

香港心理学家顾修全博士说得好："成功的销售从心理开始。"销售的过程离不开与人打交道，而要想成功地将产品卖出去，先要了解客户的需求心理。只有知道客户心里所想，销售时才不会盲目、白费努力，才能事半功倍。这样要求销售员善于察言观色，从客户的言谈举止中读出其内心的真实想法，判断其购买意图。

在销售过程中，销售员要面对各种各样的客户，不同的客户其生活背景、习性爱好、处世方式各不相同，表现在消费心理和购买习惯上也是千差万别的。销售员应当能够根据不同类型客户的个性心理特征，有针对性地采取有效的销售策略和方法，随机应变，灵活对待，引导客户一步一步达成交易。

本书以"如何说客户才会听，怎样做客户才会买"为核心理念，引用典型的销售案例深入浅出地讲解了"如何说客户才会听"的说话技巧、沟通方法，以及"怎样做客户才会买"的销售战术和策略，展示了在每一个完整的销售过程中、每一个细微的销售步骤中都要用到的说服客户、促成交易的一整套销售技能，引导广大销售员快速提高自己说话本领和销售能力，化解销售中的难题，轻松成交每一单。

能说会道，说到客户心坎上，让客户无法拒绝你。观察观色，把握成交时机，把任何东西卖给任何人。

目 录

上篇　如何说客户才会听

第一章　欲要客户听，说话要动听 / 2
　　销售要有一张会唱歌的嘴 / 2
　　舌灿莲花，感染客户 / 3
　　美妙节奏拨动客户的心弦 / 6
　　用客户听得懂的语言说话 / 8
　　赞美是俘虏客户的必杀技 / 10
　　赞到心坎上，客户乐开花 / 12
　　幽默瞬间赢得客户好感 / 14
　　真诚的话赢得永久的客户 / 16

第二章　开口是金，5秒钟打动客户的心 / 19
　　开场开得好，销售做得好 / 19
　　做到和陌生客户一见如故 / 21
　　5秒内"秒杀"客户 / 23
　　寒暄一句，生人变熟人 / 26
　　开门见山挑明你的来意 / 28
　　初次见面，套个近乎 / 30
　　销售中屡试不爽的客套话 / 32
　　客套话不可过度 / 35

第三章 客户爱听什么，你就说什么 / 37

发掘客户喜欢听的话题 / 37

从客户感兴趣的话题切入 / 39

引发话题，让客户听得兴趣盎然 / 41

有共同话题，就有共同语言 / 43

寻找共同话题，掌控主动权 / 44

没话找话，制造话题 / 46

想办法让客户"来电" / 48

第四章 想让客户听话，先为客户说话 / 50

站在客户的立场说话 / 50

借机说："如果我是你……" / 52

尊重的话是温暖客户的暖流 / 54

投其所好，一语中的 / 56

随声附和，客户点头 / 58

你关心客户，客户才关心产品 / 60

用客户说话的方式说话 / 62

第五章 一个问题问出客户真心话 / 65

少陈述，多提问 / 65

如何问客户才愿意听 / 67

能否向您请教一个问题 / 71

请问您喜欢什么 / 73

您难道不…… / 74

您觉得它什么地方不好 / 76

能不能给我说一下方法 / 77

关键要看是否适合您，对吗 / 79

第六章 巧言妙语，说话中听客户才肯听 / 81

话为心声，话贵情真 / 81
销售语言的措辞技巧 / 82
含蓄比直言不讳更能打动客户 / 84
谨言慎语，掌握火候和分寸 / 86
话有三说，巧说为妙 / 87
说话不要伤害客户的心 / 89
无论发生什么，都不要与客户争论 / 90
面带微笑地与客户交谈 / 92
不可或缺的肢体语言 / 94

第七章 魔鬼说服，客户一定听你的 / 97

说服任何客户的"魔法词汇" / 97
让客户自己说服自己 / 99
把客户的"不"变为"是" / 100
让客户不停地说"是" / 102
用故事敲开客户的心 / 103
循循善诱，让客户乖乖听你的 / 105
找准软肋，切中要害 / 107
见什么客户说什么话 / 108
会说更要会听 / 111

下篇 怎样做客户才会买

第一章 卖产品从卖自己开始 / 114

销售头号产品——你自己 / 114
卖你的形象——价值百万的销售力 / 115

卖你的礼节——销售的敲门砖 / 118

卖你的亲和力——赢得50%的销售机会 / 120

卖你的热情——销售的催化剂 / 122

卖你的境界——做销售就是做人 / 124

第二章 猜透心思，1分钟打开客户钱袋子 / 126

摸清楚客户到底在买什么 / 126

物有所值，满足客户"值得买"心理 / 128

优惠免费，让客户感到有便宜占 / 130

大家都在买，迎合客户从众心理 / 132

反其道而行之，满足客户的逆反心理 / 134

越是稀少的东西客户越想占有 / 135

帮客户省钱，自己才能赚到钱 / 136

诱发虚荣心，让客户为"虚荣"买单 / 137

要打开客户钱袋，就从好奇心下手 / 140

第三章 吸引眼球，让客户由心动到行动 / 143

先做产品行家，后做产品卖家 / 143

推介产品要靠AIDA理论 / 145

推介产品时要突出卖点 / 147

卖产品不如卖效果 / 149

一次示范胜过一千句话 / 151

产品示范力求印象深刻 / 153

调动客户的听觉、嗅觉、味觉、触觉 / 154

对产品的介绍要客观 / 156

第四章 玩得转情感，玩得转买卖 / 159

先交感情，后做买卖 / 159

拿下客户，情感打头阵 / 160

打开客户情感阀门，打开销售大门 / 163

巧用苦肉计，赢得大买卖 / 164

和客户谈一场"恋爱" / 166

成功地唤起客户爱的需要 / 167

送个人情，赚个买卖 / 169

第五章 好买卖是"激"出来的 / 171

让客户产生紧迫感 / 171

唤起客户的忧虑 / 173

运用激将法，迫使客户就范 / 175

快速激发客户的购买欲 / 177

把客户的"想要买"变成"真要买" / 178

毒品法则，让客户对产品"上瘾" / 180

心理暗示，引导客户进入"圈套" / 181

制造成交的"最后机会" / 183

第六章 到手的订单也会飞，销售要有个度 / 185

心急吃不了"热豆腐" / 185

急于求成会搞砸到手的买卖 / 187

销售过度会推走客户 / 188

销售要把握好一个度 / 190

放长线，才能钓到大订单 / 192

煮熟的鸭子也会飞，不要高兴太早 / 194

越是到成交阶段，越是要镇定 / 195

第七章 察言观色，把握玄机促成交易 / 198

买卖的奥秘就藏在客户的表情中 / 198

听其言，观其色，察其意 / 199

密切关注客户的肢体语言 / 201

从客户的谈吐判断成交信号 / 203

注意！客户在发出购买信号 / 205

8大征兆泄露客户购买信号 / 207

捕捉客户弦外之音，促进交易 / 209

抓住成交时机，趁热打铁促交易 / 211

第八章 谁都拒绝不了的销售术，卖什么都成交 / 214

反客为主，快刀斩乱麻 / 214

收回承诺，吃定反悔的客户 / 216

故意冷淡，吊足客户的胃口 / 218

避重就轻，成交四两拨千斤 / 219

以二择一，客户必买其一 / 222

借助"第三者"，提升成交筹码 / 224

让客户参与到买卖中来 / 225

ABC成交法，逐步导向成交高潮 / 227

来之不易式成交法，拴住客户的心 / 228

假设成交法，十拿九稳 / 229

巧妙的建筑高台成交法 / 231

适合任何场面的比较成交法 / 233

上篇　如何说客户才会听

第一章
欲要客户听，说话要动听

销售要有一张会唱歌的嘴

一流的销售员都有一流的口才，伟大的销售员都是伟大的语言大师。

产品要好看才能好卖，销售员要会说客户才会听，才能有大客户。销售员更要有一张"会唱歌的嘴"。当然，这并不是去蒙骗客户，而是要利用语言魅力与客户打交道。

一家钟表店，出售一块造型过时的手表，这种手表已多年不再生产了。有一天，店里恰巧来了一对夫妻，丈夫给妻子买表。妻子眼睛近视，需要手表时针和分针都很粗大，且颜色与表面反差要大，刚好这块手表符合这些特点，只是造型过时了些。丈夫否定了这块表，刚要走，卖表人拉住了他，对他说："这块手表外形的确有点过时，但时钟分针粗大的设计对你妻子却很合适，你错过了我们这个店，恐怕买不到了呢！"丈夫觉得卖表人说得有理，便买了这块手表。很显然，如果不是这个卖表人会说话，这笔生意肯定泡汤了。

能言善辩，说话中听，是对销售员的一种素质要求。

会说话是一门艺术，同一个意思，表达方式不同，结果也就不同。销售员一定要明白这个道理，然后才能加以运用。虽说人们购买产品是为了实用，但外观、造型、包装等并非不重要。在现代商业竞争日益激烈的情况下，后者更显重要。只有让客户看起来舒服的产品，才能引起客户的购买欲。

古时候，有个卖宝珠的人，他给宝珠配了一个雅致的盒子，这样很快便将宝珠卖掉了。有趣的是，买宝珠的人把盒子留下，而将宝珠还给卖珠人。这便是买椟还珠的故事。这个故事有它的喻义，但从销售的角度来看，凸显了外观、装潢的作用。装潢好了，还要看销售员的嘴，要做到说的比唱的还好听，这样才能打动客户，让客户听你的话，认可你的销售，达成交易。

销售员主要的工作是为了销售产品，可是客户被得罪了，就肯定不会买你的产品。所以，只要不是欺骗客户，就要想方设法让自己说的话使客户高兴，能让不顺耳的建议顺耳，让不满意的客户满意。打个比方说，一位妇女身材很胖，她要买一双高跟鞋。如果直接对她说："你这么胖还穿高跟鞋！"她听了肯定会生气。如果换一种说法："你的脚比较丰满，中跟鞋会更稳当。"她不一定会生气。同样一个事实，同样一个意思，她听起来就舒服多了。

销售员说话，一是要准确、得体、热情；二是要简洁、中肯、客观；三是要善于以褒代贬；四是要委婉、文雅、有礼貌。这就是销售员要掌握的语言能力。

如何说客户才会听

销售员在销售中应做到语言清晰、简洁、明了、准确适度、入情入理、亲切优美，才更能打动客户，激发起客户的购买热情，形成良好的销售气氛，达到销售目的。

舌灿莲花，感染客户

作为销售员，声音是否具有较强的感染力，会直接对自己在客户心目中的形象产生影响。不同的人，音质各不相同，那么销售员在声音上要注意哪些问题呢？

1. 吐词要清晰

清晰的表达能够让客户听清楚你说的是什么，这对销售员来说是一项最基本的要求。作为销售员，发音一定要标准，吐字一定要清晰。语言表达是否清晰，普通话的流利和标准与否，都会直接影响销售员声音的感染力。

销售员向客户介绍自己产品的时候要注意克服地方方言的影响。比如北方人说普通话的特点就是儿化音现象很严重，尤其是当说话的语速很快的时候，别人或许根本就听不懂；而南方人在说话时往往平舌音与翘舌音不分，前鼻音与后鼻音不分，很容易让人产生误解。

有一个销售员去一家公司销售他们的产品，该公司经理刚好姓史，于是销售员进去先向经理问好："史（死）经理，您好！我是（四）……"

经理刚准备开始自己一天的工作，一句"死经理"让他惊异地抬起头，一大清早就被人说了一句"死经理"，他心里感觉极不舒服，所以经理很不开心地看着这位销售员，但是对方似乎没有觉察到他的不快，依然在不停地"史（死）"经理长，"史（死）"经理短的，让史经理哭笑不得。

没办法，史经理只得告诉他："别再喊经理了，你有什么话就说吧！"

销售员于是连忙说："哦，应该叫您先生，好的，'史（死）'先生……"史经理听到这句话感觉更加不舒服，于是他对销售员说："您有什么事情，就照直说吧，大清早的，不要乱说话……"

销售员于是告诉他，他是一家保险公司的销售员，是来向史先生销售人寿保险的。一听是销售保险的，史经理怒气冲冲地对他说："对不起，请你出去，我还有事情要做。"销售员无奈只得退了出去，但他想不通为什么经理会突然对他发脾气。

2. 语言要流畅

除了吐词清晰以外销售员的讲话还要注意语言的流畅性。语言是思维的外在表现，一个说话很流畅的人，通常被人认为是个思维敏捷的人，或者可以反过来，正因为他的思维敏捷所以他才能如此流畅。而且，语言流畅也可以很好地增加自己的自信心，同时也能获得别人的好感与信任，让人相信你的能力。

3. 声音要洪亮

销售员说话尽量语音洪亮，语音洪亮就可以让客户充分被你感染，增加对你个人的信任，并能对你的产品产生一种强烈的兴趣，也能产生一种想听下去的愿望。

客户会从你洪亮的声音里感受到你的热情，以及你对自己工作的激情和你对自己产品的那份热忱。也许有人会说声音的洪亮与否跟个人的客观条件有关，有的人声带厚而宽，自然他的声音显得洪亮而浑厚；而有的人声带则相反，所以他的声音自然就小而尖。固然，声音与自己的生理条件是密切相关的，但是声音还与自己的发声方式有关。在近代，中国就有身为男性唱女声而成名的"四大名旦"，也有身为女性唱男声闻名的越剧女伶；在现代，使用美声唱法的歌唱家通常能唱出与他平时说话截然不同的声音，因此，声音是可以改变的。销售员可以适当改变一下自己的发音方法，让自己的声音变得洪亮、浑厚，让对方产生一种听觉美。

4. 语速要适中

讲话的语速也会影响声音的感染力。如果说话的语速太快，客户可能还没有听明白，你就已经说完了；反之，如果你说得太慢，而对方又是急性子，那客户也会受不了。因此，最恰当的做法应该是根据客户具体情况，来调节自己的语言节奏，以做到恰到好处的停顿，从而取得良好的谈话效果。

如何说客户才会听

悦耳的话语就像音乐一样给客户带来愉快的情绪，是感染和打动客户的有效手段。

美妙节奏拨动客户的心弦

要增强声音的感染力,一个很重要的影响因素就是说话的节奏。节奏一方面是指讲话的语速,另一方面是指销售员对客户所讲问题的反应速度。在日常生活中,大多数人从来不考虑说话的节奏,事实上,通过改变说话节奏来避免单调乏味对促进销售员与客户的交流是相当重要的。

那些讲话磕磕绊绊没有任何节奏感的销售员,很少能够打动客户,这样的人,几乎说不出什么值得我们去注意的东西。只有懂得说话的节奏、思路清晰的人,才会有活跃的思维。

掌握好节奏的最高境界是说话自然流利。

当然,恰当的停顿不属于不流利,因为我们经常利用停顿展开新的思路,或者从一个要点过渡到另一个要点,或者重复某个词以期给客户留下更深的印象。

结巴的次数是可以数出来的,这也是熬过听那些令人生厌的讲话的有趣方法。在大多无趣的讲话中都存在着大量的结巴。在你自己的讲话中,请别人统计一下你结巴的次数,对你会有很大的帮助。

很少有人能够在即兴讲话中不出现结巴的情况。

那么,如何才能掌握好说话的节奏,并提高说话的流利水平呢?

1. 应熟悉讲话的主题

当我们的思考不发生任何迟疑的情况时,要说的话也自动地到了嘴边。充分的准备可以增加说话的流利程度,因为这能增加自己的自信心,从而更能坚信自己要讲的东西。另外,熟悉主题会使讲话者有更大激情,这种激情会使讲话者的整个身心都投入其演说的境界之中。这样,流利也就不成问题了。

2. 发音要准确

发音含糊不清是说话犹豫的一种表现。如果讲话者连续几个地方都有迟疑不决的现象，就会使人感到他其实并不知自己在讲什么。因此，如果我们有意识地在流利方面做出一些努力，会收到很好的成效；反之，如果我们在演说的其他方面下功夫，而认为到时候自然会流利起来，那结果将只有失望。

3. 注意讲话的速度

在语言交流中，讲话的快慢将直接影响向客户传递信息的效果。如果销售员讲话速度太快，尤其是所销售的产品对客户来说又是比较陌生时，那么客户可能还没有听明白你在说什么，你说的话就已经结束了，客户听不太清楚，自然就会失去兴趣，这肯定也会影响销售的效果。

4. 注意对客户的应对速度

对客户讲话的应对速度也很重要。销售员如果对客户的话语反应太快，特别是在知道客户下面要说什么的情况下打断客户的说话，是一种不关心、不尊重客户的表现，往往会被客户误解为销售员没有耐心听。反之，销售员对客户话语的反应如果太慢，会被客户认为销售员根本就没有认真地听他说话。

当客户讲述完他的观点之后，有意让你对刚才他的陈述发表看法时，这才是你说话的好时机。此时要注意让自己的话语保持一个适当的速度。回应客户的讲话时，偶尔的停顿无关紧要，但不要在停顿时加上"嗯"或紧张不安地清一下嗓子。

5. 迅速地讲话也能提高流利程度

当你迅速讲话时，你的心理便能更快地发挥功能，就像阅读一样，如果你能集中精力快速阅读，那么，你说话的流利程度就会有所提高，同时也能获得更透彻的理解。

如何说客户才会听

掌握好说话的节奏，使说话就像琴弦一样有张力，像小溪一样缓缓流动，这样优美的语言还有哪个客户不愿听呢？

用客户听得懂的语言说话

在销售过程中,销售员用买主的语言和客户交流,这样才能主动把客户牢牢地吸引住。

通俗易懂的语言最容易被大众所接受。无论你的话多么动听、内容多么重要,沟通最起码的原则是对方能听得懂你的话。所以,在销售过程中,你要多用通俗化的语句,要让自己的客户听得懂。如果客户听不懂你的方言,你要尽量说普通话;如果客户不明白你讲的术语或名词时,你要转换成对方熟悉的、容易理解的语言等等。

有一名采购员受命为办公大楼采购大批的办公用品,结果在实际工作中碰到了一种过去从未遇到的情况。使他大开眼界的是一位销售信件分报箱的销售员。这名采购员向他介绍了他们每天可能收到的信件的大概数量,并对信箱提出一些要求,这位销售员听后脸上露出了大智不凡的神气,考虑片刻,便认定这位采购员最需要他们的 CSI。

"什么是 CSI?"采购员问。

"什么?"他以凝滞的语调回答,内中还夹着几分悲叹,"这就是你们所需要的信箱。"

"它是纸板做的、金属做的,还是木头做的?"采购员问。

"噢,如果你们想用金属的,那就需要我们的 FDX 了,也可以为每一个 FDX 配上两个 NCO。"

"我们有些打印件的信封会相当的长。"采购员说明。

"那样的话,你们便需要用配有两个 NCO 的 FDX 转发普通信件,而用配有 RIP 的 PLI 转发打印件。"

这时采购员稍稍按捺了一下心中的"火","小伙子,你的话让我听起来十分荒唐。我要买的是办公用品,不是字母。如果你说的是希腊语、亚美尼亚语或英语,我们的翻译或许还能听出点门道,弄清楚你们的产品的材料、规格、使用方法、容量、颜色和价格。"

"噢，"他开口说道，"我说的都是我们的产品序号。"

最后这个采购员运用律师盘问当事人的技巧，费了九牛二虎之力才慢慢从销售员嘴里搞明白他的各种信箱的规格、容量、材料、颜色和价格。

由此我们可以看出，如果一个销售员在销售自己的产品时，所用的语言都是专业术语，不能让客户清楚地知道产品的特性及用途，那么就很难成功地销售自己的产品。

用客户听得懂的语言向客户介绍产品，这是最简单的常识。有一条基本原则对所有想吸引客户的人都适用，那就是如果信息的接受者不能理解该信息的内容，那么这个信息便产生不了它预期的效果。

销售员对产品和交易条件的介绍必须简单明了，表达方式必须直截了当。表达不清楚，语言不明白，就可能会产生沟通障碍。此外，销售员还必须使用每位客户所特有的语言和交谈方式。跟青少年谈话不同于跟成年人的交谈；使专家感兴趣的方式，不同于使外行感兴趣的方式。这里有一个很好的例子可以说明使用适合客户的语言多么有效。

一对父子正在建设一座奶牛场，儿子管奶牛，父亲做细木匠，将赚来的钱投入奶牛场建设以扩大牛群，两人都指望有朝一日能靠这座奶牛场养老送终。这父子俩都承认，如果在今后10年内父亲发生什么意外，全家就不可能达成此目标，因为现在奶牛场尚不能靠一个人支撑下去，还需要额外提供资金。可是，当销售员提到，为了给父亲购买足额的人寿保险，以保证他万一发生意外后他的保险金还能继续向牛奶场提供必需的资金，可以把牛群扩大到可以盈利的规模，有必要每年交一笔保险费时，全家人都表示反对，说他们没钱，办不到。销售员马上换了一种说法来争取他们："为了保证万一你们当家的遇到不幸你们能继续达到既定的目标，你们愿意把那两头牛的牛奶送给我吗？只当你们没有那两头牛好了。不管出什么天大的事，它们的牛奶都可以保证你们在将来一定能建成盈利的奶牛场。"结果，他做成了生意。

销售员在与不同的客户谈话时，都应当认真地选用适合于客户的语言。然而，销售员常犯的错误就在于，过多地使用技术名词、专有名词向客户介绍产品，使客户如堕雾里，不知所云。试问，如果客户听不懂其所说的意思是什么，能打动他吗？

在销售过程中，销售员要尽量使用浅显易懂的词语，切忌使用过多的专有名词，让客户不能充分理解其所要表达的意思。过多的专有名词会让客户摸不着头脑，无法产生共鸣，不会产生心动。而客户没有心动，当然也就不会有购买行为。

销售员应该把一些术语，用简单的话语进行转换，让人听后明明白白，才能达到沟通目的，产品销售也才会没有语言阻碍。

如何说客户才会听

让客户清清楚楚、快快活活地听懂你所讲的每一句话，是对销售员说话能力的基本要求。

赞美是俘虏客户的必杀技

很少会有人因为受到了赞美感到不高兴，除非是那种居心不良的赞美。因为每个人都希望赢得别人的尊敬和重视，都希望自己在别人眼里是一个积极、正面的形象。

"你的房子真漂亮，院子也收拾得非常整齐，你真是一个有品位的人。"听到别人这么说，任何人都会觉得很高兴。同样，如果销售员能够这样善意地承认并称赞客户的优点，那么客户感到愉悦之余，通常就会听从你的销售，作出购买的决定。

那么，究竟该怎样去赞美你的客户呢？

1. 称赞个人常用话语

（1）"听说你有位漂亮的太太，真令人羡慕。"

（2）"令爱长得很像你太太，长大后也一定是个大美人。"

（3）"你的孩子长得真像你，将来也必定是社会的精英。"

（4）"你住的地方真不错，你的眼光与品位确实与众不同。"

（5）"你们的院子很漂亮，是先生您自己设计的吗？您工作那么忙碌又能将庭院收拾得井井有条，真是令人佩服。"

（6）"你们的邻居都很羡慕你们夫妇情深，请问你们保持良好夫妻感情的秘诀是什么呢？"

2. 称赞管理人员常用话语

（1）"总经理，你这么努力，对我而言是个很好的榜样呀。"

（2）"董事长，这个行业的人都说你是采购领域的专家。"

（3）"先生，您的眼光真高，令我相当佩服。"

（4）"先生，你的品位不凡，在本行业里拥有很好的口评。"

（5）"处长先生，我很冒昧地请问你，这条领带是你自己选的吗？品位很不错啊！"

3. 称赞公司常用话语

（1）"贵公司是家颇有历史的公司，外界对贵公司的评价也很高。"

（2）"贵公司的规模在此行业里高居榜首，很多同行都说要迎头赶上，但结果不仅没赶上，反而和你们的差距越来越远。"

（3）"贵公司是本地区高收益企业的典型代表，大家对贵公司的评价也非常好。"

（4）"很多客户都说贵公司的竞争能力太强了，他们根本无法抗衡。"

（5）"听说贵公司的产品管理在这个行业里，没有一家公司比得上，不仅产品周转率高，而且不良库存为零，真是令人羡慕啊。"

人都有自尊心，也总希望别人能对自己的长处给予肯定。如果能把握住这一点，满足客户的这种欲望，不失时机地赞美客户几句，或许你就能更轻松地取得成功，因为对方可能会因此认为你是一个懂得体谅别人的人，说不定他也把"心"交给你。

如何说客户才会听

渴望被别人真诚地赞美，是每一个人内心的一种基本需求与愿望。赞美客户是获得客户好感、打动客户的有效方法。

赞到心坎上，客户乐开花

在与客户沟通的过程中，赞美会很快取悦客户，并能够在客户心中留下美好的印象，因为每个人都喜欢受到别人的赞美和尊重，对赞美自己和尊重自己的人自然会有好感。但是，如果过分赞美客户，就会使赞美远离实际，往往弄巧成拙。

因此，赞美是要讲究技巧和方法的，不是美言相送，随便夸上两句就会奏效的，如果赞美的方法不当还会起到相反的作用。所以，在赞美客户时，要注意恰如其分，切忌虚情假意、无端夸大。那么，如何把握赞美而不夸耀过头呢？

1. 赞美要得体、具体

对客户进行赞美时，一定要做到具体、得体，这其中的尺度掌握很微妙，需要销售员用心去体会。赞美使用不当，或者太夸张，会给人留下很不好的印象，令人厌恶。

赞美的话题可小可大，小的可以是"您的气色很好""您的院子真整洁"等，大的话题可以是"您的公司的信誉很好""听说，您在某个方面很有经验"，也可以说"一直仰慕您的学识或者人品"等。

赞美选择的内容和方式越具体越好，这也显示你对客户的了解程度。销售员在赞美客户时，要有意识地说出一些具体而明确的事情，而不是空泛、含糊地赞美。例如：

（1）赞美一个人的衣着："您今天看起来很有风度。""您的衣服很好看，很时尚。"

（2）赞美某人的房间："这真是间漂亮的房子。""啊，您的房间布置得真好！光线柔和、色调明快，使人赏心悦目，如果再铺上地毯的话，那将是锦上添花啊！"

（3）赞美某人的手表："这只手表很漂亮。""这只手表的造型真独特。"

（4）赞美某人的小孩："他真聪明！""他真是太棒了！我希望我也能有这样好的孩子。"

（5）赞美某人的新车："从这部车就可以看出现代科技进步真是神速啊！您一定花了不少钱买这部车吧！""能拥有如此完美的车，您真是与众不同！"

2. 赞美要因人而异

不同文化层次和不同职业的人，对赞美的反应程度差别很大，应注意区别对待。如面对一个作家，假如你说很喜欢他的某一篇文章，他可能仅会微微一笑，甚至表面看来还漫不经心，实际上，他心里已经接受了你。假如面对一个零售店的经营者，你只要称赞他生意不错、选择货品有眼光，他的热情便会立刻流露出来。

3. 赞美要灵活

赞美的话使用时机很灵活，要看谈话的进展来决定。一般说来，开头使用赞美有助于打开僵局，最后使用赞美会留下好印象，便于下次重访。谈话中间的赞美多用于扭转话题，或改变气氛。使用赞美的频率要有节制，越低越好，就像一幅图画中的亮色要恰到好处，反之，则会破坏整个画面。

4. 赞美要真诚

真诚的赞美是实事求是的，发自内心的，是为大家所喜欢的。赞美时要选择客户最心爱、最引以为豪的东西加以称赞，才能发挥出赞美的无比威力。

比如对那些已是成功人士的客户，就可以称赞他们早年的奋斗史，因为这是他们最愿意回忆也是最自豪的事情。

5. 间接地赞美客户

不太适合直接赞美客户的时候，就可以选择他身边的、较亲近的事物进行赞美。比如说客户是个年轻女士，为了避免误会与多心，不便直接赞美她。这时，不如赞美她的丈夫和孩子，你就会发现，这比赞美她本人还要令她高兴。

间接地赞美客户，也能获得和直接赞美客户一样的效果。

6. 借用第三者的口吻来赞美

有时候，借用第三者的口吻来赞美会更有说服力。比如说："怪不得小张说您越来越漂亮了，刚开始还不相信，这回一见可真让我信服了。"这样对客户说就比说"您真是越长越漂亮了"好得多，还可避免恭维、奉承之嫌。

如何说客户才会听

在与客户沟通时，应适时对客户进行赞美，这样不但可以缓和洽谈的气氛，而且更能促使会谈在一种轻松友好的氛围中顺利进行。

幽默瞬间赢得客户好感

每个人无论在怎样的环境中生活，都会碰到各种各样的矛盾，有的甚至是相当棘手的难题，需要你去妥善处理。成功者的体验是：不轻松的问题，可以用轻松的方式来解决；严肃之门可以用幽默的钥匙开启。

幽默能使你豁达超脱，使你生气勃勃；幽默能使你具有影响力，使你打破僵局，摆脱困境；幽默是催化剂，也是成功者的禀性。所以无论是朋友相处，还是销售，都应富有幽默感。

幽默是活化人和人之间紧张关系的有效方法。通过幽默来促成销售已被很多销售员采用。

销售员在和客户交往的过程中，不可避免地会在某些问题上出现意见相左的情况。虽然我们一再强调销售员必须尽量和客户保持一致，但是如果客户提出的要求确实无法满足时，销售员也必须微笑地对客户说"不"。但说"不"的方法很有讲究，幽默地说"不"就是一种比较有效的方法。

某客户的欠账已经有10个月之久，一位和这个客户很熟的销售员前去要账。客户希望继续延长偿债时间，销售员于是微笑着说："我们照顾您比您的母亲照顾您还要久。"此话一出，客户笑了笑，便将账全部结清了。

在运用幽默来达成交易时，要对幽默的度把握好。上面一个例子中，如果销售员不是和客户很熟的话，客户可能会对这个幽默表示很强的反感。

销售中说幽默话，有以下几点要求：

第一，针对不同的客户说不同的幽默话。

对于比较熟悉的客户，幽默的范围自然可以扩大；对于不熟悉的客户，幽默的范围相当的局限。熟悉的客户往往不介意销售员的话，相反，如果销售员跟他客套起来，他会觉得十分局促。而不熟悉的客户因为和销售员比较陌生，所以他对销售员所说的每一句话都比较介意，如果销售员跟他毫无顾忌地乱幽默，他会觉得这个销售员过于轻浮。

第二，幽默的时候要保持微笑。

如果没有笑容，幽默就很可能被误认为是讽刺。在和客户说幽默话的过程中，销售员一定要保持微笑。微笑是销售员正在说幽默话的有力证据。销售员的微笑其实就是告诉客户，他此刻说的话是为了让客户高兴起来。有些销售员在说幽默话的时候一本正经，本来很有趣很有意思的幽默，也变成极有讽刺意味的话，结果破坏了销售员和客户之间的关系。

第三，幽默不应该冲淡谈话主题。

销售员和客户交谈的主题只有一个：达成交易。有些销售员相当幽默，幽默的手法也相当高明，但是一幽默起来，就将客户的思路越拉越远，最后冲淡了谈话的主题，使得交易失败。我们将这样的销售员称为"不分轻重"

的销售员。虽然这种情况是每一名销售员都在极力避免的，但是"不分轻重"的销售员却经常干出这样的傻事。

第四，幽默的时机要把握好。

销售员向客户说幽默话要把握好时机。在达成交易的全过程中，最适合幽默的时机就是处理异议阶段。客户的异议很难处理时，销售员可以借助幽默将这种异议轻轻地带过，让客户自觉地不再提出这样的问题。

如何说客户才会听

生动幽默的语言能使气氛和谐，感情融洽。具有幽默感的销售员在工作中都会有比较好的人缘，他们比较容易赢得客户的好感和信赖。

真诚的话赢得永久的客户

在销售行业中，有一些销售员虽然能说善道，但业绩却不太理想，因为他们大多都有一个共同的缺点，就是一些销售员所说的话能让客户明显地感觉到不够真诚，觉得只是在应付他们而已。这样一来，他们的能说会道反而成了一种缺点，因为他们越是在客户面前"巧舌如簧"地展现自己的口才，越会使客户觉得他们是在欺骗自己。

言谈话语中缺乏诚意，常常使销售员处于不利的地位，以一个服装零售店的售货员为例，当一个客户在试穿一件外套后，以一种非常满意的口吻询问："它看上去怎么样？"

"不错，很好。"那位售货员立刻回答道。

随后，这位客户又试了一件款式全然不同的衣服，能够发现她对这件衣服也很感兴趣，但是那位售货员在面对客户的询问时，同样是不假思索地附和她的观点。

很快这位客户就发现了那位售货员的建议只不过是在虚伪地迎合她，是没有任何价值的，因为无论她试哪件衣服，也不管她穿上效果如何、是否合身，那位售货员都会无一例外地说非常合适。这样一来，这个售货员就给客户留下了这样一种印象：他是不会对自己说出真话的，他唯一的目的就是把东西卖出去。当客户想到了这一层的时候，那么自然也就不会在他那里买衣服了。

真诚的话语往往更能够打动客户的心，并赢得他们的信任。因为最后的成交是建立在客户信任的基础之上的。无论销售员的言辞如何动听、如何讨人喜欢，但如果这些话缺乏真实性，那又怎么能够取得客户的信任呢？一旦客户认为你的言辞中包含着欺骗的成分，他们很可能就会马上转身走人。

真诚的话语，在很多情况下意味着它是一种承诺、是一种责任。如果你无法真正地去兑现这种诺言，并去承担这种责任的话，那么在与客户沟通的过程中，就要慎用一些承诺性的话语，尽管它们能在一时让你显得很真诚。

有不少销售员在向客户销售产品时，对客户的要求几乎是有求必应。但是，在客户购买了产品之后，销售员却忘记了自己当初的承诺。例如，有的老客户要求销售员在某一个时候送货上门，销售员也不考虑自己在那个时间是否有空，就满口答应了。而到时候又因为自己没有时间没去送或者干脆就忘干净了。这样一来，销售员这种不讲信用的行为会给客户造成极坏的影响，甚至会使销售员辛辛苦苦建立的好印象一扫而光。

"明天上午10点我去拜访您。"销售员在面对客户的询问时，往往会这样不假思索地一口承诺，但是等真正到了10点，他们却毫无踪影。这种销售员极容易给客户留下坏印象。结果，客户也会一个一个离他而去。

销售员最重要的是讲诚实，守信用，而获得客户信任的最有力武器便是遵守自己的诺言。如果销售员不信守诺言，不讲诚信、前后矛盾、言行不一，客户则无法判断他的行为动向。客户是不愿意和这种销售员进行交往的，这样的销售员自然更没有什么魅力而言。

诚实守信是取信于人的第一方法。具有魅力的销售员应该是守信、诚实的人，靠得住的人。一位不讲信用的销售员走在去见客户的路上，心里满怀希望。他此前曾做过精心的准备，可是由于以前对这位客户做过不讲信用的事，当他见到客户一阵寒暄后，此前拟好的思路被打乱了，忘了该怎样说。一段尴尬的沉默后，他只好悻悻而归。

不讲信用的销售员也会心虚，而销售员带着这种心虚的感觉向客户销售产品时，又怎么能很好地展示产品，赢得客户的青睐呢？

不讲信用、不诚实的销售员绝不可能成就大事业。销售员要设身处地为客户着想，真心诚意为客户服务，和客户交朋友，实行客户固定化策略，发展客户关系。客户是企业及其市场销售员最重要的资源，销售员必须重视这些资源，用自己的真诚打动客户。切记，欺骗客户就是欺骗自己，不讲信用的销售员最终会被客户抛弃。

许多销售员之所以没有做成买卖的原因之一就在于他们对别人开了空头支票。身为销售员，我们不该低估工作疏忽可能带来的结果。因为我们可能为此付出极大的代价。在很多行业里，有许多的客户因为销售员没有信守承诺而恼怒、生气或失望，他们也有可能因此而拒绝成交或要求退费。所以，除非你能守约，否则不要轻易承诺任何事。

记住：你做的每一笔买卖都是一个广告，它既可能会帮助你做成下一笔买卖，也可能会断了你今后的销路，它是你个人名誉的一个广告。

如何说客户才会听

诚实守信的销售员能够做到前后一致，言行一致，表里如一，客户就愿意与你进行正常的交往，愿意购买他们销售的产品。

第二章
开口是金，5秒钟打动客户的心

开场开得好，销售做得好

要想有效地吸引客户的注意力，在面对面的销售访问中，说好第一句话是十分重要的。开场白的好坏，几乎可以决定一次销售访问的成败。换言之，好的开场白就是销售成功的一半。大部分客户在听销售员说第一句话的时候要比听后面的话认真得多，听完第一句话，很多客户就自觉或不自觉地决定了是尽快打发销售员上路还是准备继续谈下去。

下面是一个销售员的客户拜访开场白。

销售员A如约来到客户办公室。开场："陈总，您好！看您这么忙还抽出宝贵的时间来接待我，真是非常感谢啊！"（感谢客户）

"陈总，办公室装修得虽然简洁却很有品位，可以想象您应该是个做事很干练的人！"（赞美客户）

"这是我的名片，请您多多指教！"（第一次见面，以交换名片自我介绍）

"陈总以前接触过我们公司吗？"（停顿片刻，让客户回想或回答，给客户留时间）

"我们公司是国内最大的为客户提供个性化办公方案服务的公司。我们了解到现在的企业不仅关注提升市场占有率和利润空间，同时也关注如何节省管理成本。考虑到您作为企业的负责人，肯定很关注如何最合理配置您的办公设备，节省成本。所以，今天来与您简单交流一下，看有没有我们公司能协助的。"（介绍此次来的目的，突出客户的利益）

"贵公司目前正在使用哪个品牌的办公设备？"（问题结束，让客户开口）

陈总面带微笑非常详细地和该销售员谈起来。

从这个例子可以看出，开场白要达到的目标就是吸引对方的注意力，引起客户的兴趣，使客户乐于与你继续交谈下去。该案例的主人公，就是通过很好的开场白吸引了客户，有了个漂亮的开门红，从而向促成销售迈进了一步。

那么，如何才能通过短短几句话成功吸引客户的注意力呢？有以下几种常用的技巧。

1. 提及客户现在可能最关心的问题

例如："听您的朋友提起，您现在最头疼的是废品率很高，通过调整了生产流水线，这个问题还没有从根本上改善……"

2. 谈到客户熟悉的第三方

例如："您的朋友王先生介绍我与您联系的，说您近期想添几台电脑……"

3. 赞美对方

例如："他们说您是这方面的专家，所以也想和您交流一下……"

当然赞美要恰如其分，过分的夸奖会让客户产生反感。

4. 提起他的竞争对手

例如："我们刚刚和××公司有过合作，他们认为……"

客户听到竞争对手，就会把注意力集中到你要讲的内容里。

5. 引起他对某件事情的共鸣（原则上是客户也认同这一观点）

例如："很多人认为面对面拜访客户是一种最有效的销售方式，不知道您是怎么看的……"

这种方法的要点在于在拜访前了解客户的工作。

6. 用数据来引起客户的兴趣和注意力

例如："通过增加这个设备，可以使您的企业提升50%的生产效率……"

"我知道贵企业现在的废品率比较高,如果有一种方法使企业的废品率降低一半的话,您是否有兴趣了解?"

7. 有时效的话语

例如:"我觉得这个活动能给您节省很多话费,但这次优惠活动截止到 12 月 31 日,所以应该让您知道……"

这种时间的限制会让客户产生紧迫感。

上面这几种方法表达可交叉使用,重要的是要根据当时的实际情况作出合适的选择。当然,我们在与客户交谈的时候,一定要以积极开朗的语气对客户表达与问候。

经常会有这种情况,销售员与客户会面时,刚开始的气氛很好,可过了一会儿,就不知道该和客户谈什么了,或者是整个过程只是销售员一个人在发表演说。一定要记住,为了使客户开口讲话,一定要以问题结束你的开场白。否则,会使拜访陷入暂时的僵局。

如何说客户才会听

销售员要说好开场白,才能迅速抓住客户的注意力,并保证销售顺利进行下去。

做到和陌生客户一见如故

许多销售员在同客户第一次见面时,说话都会感到拘谨。建议你先考虑一个问题,为什么你跟老朋友谈话不会感到困难?很简单,因为你们相当熟悉。相互了解的人在一起,就会感到自然协调。而对陌生人却一无所知,特别是进入陌生的群体,有些人甚至感到不自在或带有恐惧的心理。你要设法把陌生人变成老朋友,首先要在心目中建立一种乐于与人交朋友的愿望,心里有这种要求，才能有行动。

这里以到一个陌生人家去拜会为例：如果有条件，首先应当对拜会的客人作些了解，探知对方一些情况，关于他的职业、兴趣、性格之类。

当你走进陌生人住所时，你可凭借你的观察力，看看墙上挂的是什么？国画、摄影作品、乐器……都可以推断主人的兴趣所在，甚至室内某些物品会牵引出一段故事。如果你把它当作一个线索，不就可以由浅入深地了解主人心灵的某个侧面吗？当你抓到一些线索后，就不难找到开场白。

如果你不是要见一个陌生人，而是参加一个充满陌生人的聚会，观察也是必不可少的。你不妨先坐在一旁，耳听眼看，根据了解到的情况，决定你可以接近的对象，一旦选定，不妨走上前去向他作自我介绍，特别对那些同你一样，在聚会中没有熟人的陌生者，你的主动是会受到欢迎的。

应当注意的是，有些人你虽然不喜欢，但必须学会与他们谈话。当然，人都有以自我兴趣为中心的习惯，如果你对自己不感兴趣的人不瞥一眼，一句话都不说，恐怕也不是件好事。你可能被人认为很骄傲，甚至有些人会把你的这种冷落当作侮辱，从而与你产生隔阂。和自己不喜欢的人谈话时，第一要有礼貌；第二不要接触有关双方私人的事，这是为了使双方自然地保持适当的距离，一旦你愿意和他结交，就要一步一步设法缩小这种距离，使双方容易接近。

在你决定和某个陌生人谈话时，不妨先介绍自己，给对方一个接近的线索，你不一定先介绍自己的姓名，因为这样使人感到唐突。不妨先说说自己的工作单位，也可问问对方的工作单位。一般情况下，你先说说自己的情况，人家也会告诉你他的相关情况。

接着，你可以问一些有关他本人的而又不属于秘密的问题。对方是有一定年纪的，你可以问他子女在哪里读书，也可以问问对方单位一般的业务情况。对方谈了之后，你也应该顺便谈谈自己的相应情况，才能达到交流的目的。

和陌生人谈话，要比与老相识谈话更加留心对方的言谈，因为你对他所知有限，更应当重视已经得到的任何线索。此外，他的声调、眼神和回答问题的方式，都可以揣摩一下，以决定下一步是否能纵深发展。

有人认为见面谈谈天气是无聊的事。其实，这要具体问题具体分析。如果一个人说："这几天的雨下得真好，否则田里的稻苗旱死了。"而另一个则说："这几天的雨下得真糟，我们的旅行计划全给泡汤了。"你不是也可以从这两句话中分析两人的兴趣、性格吗？退一步说，敷衍的话，在熟人中意义不大，但对与陌生人的交际还是有作用的。

如遇到那种比你更羞怯的客户，你更应该跟他先谈些无关紧要的事，让他心情放松，以激起他谈话的兴趣。和陌生的客户谈话的开场白结束之后，特别要注意话题的选择。那些容易引起争论的问题，要尽量避免，为此当你选择某种话题时，要特别留心对方的眼神和小动作，一发现对方厌倦、冷淡的情绪时，应立即转换话题。

如何说客户才会听

与陌生客户一见如故，可以消除双方的陌生感，突破隔阂，从而快速进入交谈的话题。

5秒内"秒杀"客户

作为一个销售员，你不妨想一下，在与客户进行初次接触的时候，他们为什么要停下自己手中的工作，去听你的介绍呢？所以，你应该设身处地站在客户的立场来问问自己，为什么他们应该听你的，为什么他们应该将注意力放在你的身上。然后，再去精心准备你的开场白。请记住，客户给你的开场白时间或许只有5秒，在这个极短的时限内，至于能否抓住机会，那就要看你的表现了。

下面是一个成功地利用开场白抓住客户的例子。

一位专业销售员决定去拜访一家全球性大公司的总部，在他与该公司的公关部副总裁约翰·卡森进行过一连串的通信与电话交谈之后，双方终于确定了一个会面时间。

该销售员此次会谈的目的，是要对该公司的高级主管进行一番解释，以说服他们能允许自己撰写一本关于该公司的图书。因为他需要访谈该公司的100多名职员，所以获得该公司管理阶层的认可是绝对必要的。如果没有这项应允，那么他的计划也就不可能成功。

这位销售员在这项会谈开始的前几分钟到达了约翰·卡森的办公室。在寒暄一番之后，约翰说："我个人十分支持你写这本书，我想这对我们公司来讲也是一次很好的公关机会。"

"谢谢你，约翰，这真是个好消息，"销售员回答道，"我也同意你的说法。这将为贵公司创造良好的信誉。"

"我已经将它推荐给我们公司的董事会。但是，除非你获得他们的认可，否则的话，事情还是行不通。"

"这本书对你们公司来说有利无害的，"销售员说，"我相信他们会赞同的。"

"很不幸，我并不看好你的这种自信。"约翰说。

"你不看好？"销售员问。

"让我先跟你说一下谁会出席这个会谈吧，"约翰说，"除了我们的最高主管以及行销部门的资深总裁之外，公共关系部门的执行副总裁与企业事务部门的副总裁也会出席，如果你的提案获得通过的话，企业事务部门副总裁将会直接与你合作此事。"

"现在,问题是，"约翰继续说道，"每个人都认为你的书是一个好的创意，但问题是我们今天却不会对此作出任何决定。然后它就会像一大堆其他的创意一样，在某个地方被埋没了。由于它不是我们公司第一优先考虑的事务，所以不会将它提出来讨论。我要说的意思就是，即使你的书再好，除非它在今天通过，否则它将被无限期地搁置。"

"在这个会议召开之前，这真是一个最好的警告。"销售员露出苍白的笑容说道。

"还有一件事，"约翰补充道，"我们的会议将在 10 点 30 分举行，在 11 点还有另一个会议，我们不能迟到，而且你大约只有 25 分钟的时间来销售你的书。"

很快，会议在一间会议室如期召开了，为首坐着的是公司的最高主管。销售员感觉只要能说服这位主管，那么其他人必然也会附和他的决定。而且，销售员更明白他只有今天这一次机会。

约翰首先介绍了数本该销售员的著作，然后便善意地表示他个人十分喜欢销售员先前寄给他的数本书，接着他转向销售员说："现在轮到你发言了。"

销售员起身以最谦卑最诚挚的声音说道："各位女士们先生们，我今天十分荣幸地在这里对贵公司的高层经理人发表我的意见。贵公司是众所周知的一个最优秀的组织。当我还很小时，便对贵公司仰慕不已。"

他接下去说："今天能在此对各位发表谈话，的确是我事业生涯中最精彩的时刻。毕竟，你们肩负的是这个数十亿美元跨国企业的未来。今天，你们将宝贵的时间交给我，所以我要告诉你们的是我将要写的这本书的内容，是有关贵公司的历史，以及现今进行专业管理的全过程。"

"我真的很高兴你们今天能邀请我来参加这个会议，因为在 20 分钟后我走出这里时，我已经知道你们的决定是什么了。这正是我对你们这些顶尖主管的仰慕所在，这也正是你们能将公司管理得如此成功的原因。我曾经见过一家大公司的主管们，"销售员此刻将声音压低说道，"我不会说出他们的名字，但是你们绝对不相信我忍受了多么大的不幸，全都因为他们无力作出决定。他们在完成任何一件事之前，都必须经过无数次的推诿搪塞。我发誓我再也不会和这家公司共事，因为他们的管理已经陷入了官僚主义之中，无法动弹，以至于高层经理人无法作出重要的决定。我脑中有着许多写书的好点子，我的生命实在不需要这类的不幸。如果我意识到某家公司正令我陷入这种不幸的话，我会跨步离去，选择和其他的公司合作。"

销售员紧接着又逐章地说明这本书所要写的内容，这项解说用了10分钟。最后他又经过了5分钟的问答环节。

在他回答完数个问题之后，客户公司的最高主管说话了："我看不出我们不放手让这位销售员写这本书的理由，他可以开始进行这本书了。有不同意见吗？"

几乎每个人都点头表示赞同，当约翰关上他办公室的门之后，对销售员说："如果我没有亲眼看到的话，我实在不会相信。我真的不认为在这个会议上，你的书有任何能获得通过的机会。我恭喜你完成了一项了不起的销售工作。"

上述例子中的销售员以"抓住机会的开场白"完成了此项交易。一般来说，真正促成交易的关键在于你在销售开始与中场时所说的话。

如何说客户才会听

作为销售员，必须要利用好开场白的机会，紧紧吸引住客户的注意力，抓住客户的心。

寒暄一句，生人变熟人

那些优秀的销售员们深信，在与客户打交道时，开场白是影响整个销售活动的一个至关重要的因素，而且就我国的国情而言，开场白最好应该从寒暄开始。通常情况下，寒暄的方法有如下几种。

1. 问候式

销售员与客户打交道，碰面的第一礼节就是问候，然后再进入实质性问题的探讨。

例如：

"您就是曲经理吧？您好，您好！"

"听口音，您是东北人吧？"

"哦！您也喜欢养鸟？"

通过恰当的询问，了解客户的身份、性格、籍贯和爱好等，心理学上叫"语言握手"，是探察对方的外围战。

掌握了这些，就形成了判断标准，进一步说话就好进行了。比如是东北人，可以谈谈东北的风土人情；喜欢养鸟可以谈谈养鸟之道。富有经验的销售员能从对方的衣着、墙上的字画甚至玻璃板下压的东西判断出对方的身份、知识水平、性格爱好等，提出巧妙的问候，通过问候进一步证实自己的判断，使谈话步步深入。

2. 描述式

销售员与客户打交道，适时用一下描述式寒暄法来作为开场白不失为明智之举。同时也可以使客户尽快作出购买决策。

例如：

"您可真够忙的！"

"一家人都在这儿，真热闹！"

像这样用友好的语言描述对方正在进行的工作，也是一种寒暄的方式。

3. 言他式

销售员可以与客户聊一些无关紧要的问题，其实，销售员完全可以用这种漫无边际又不让人厌恶的话题接近客户，寻找订单。

例如：

"今天天气不错！"

"街上的人真多！"

与客户见面时，谈论彼此都有兴趣的事，也是一种寒暄的方式。

4. 称赞式

销售员与客户打交道时，适时称赞客户是必要的，也是销售员成功销售的主要因素之一。

例如：

"啊，真是气派，大家庭就是不一样！"

"屋子收拾得这么漂亮！夫人一定很会持家。"

每个人都愿意让别人说他好。真心诚意地夸赞对方，一定会收到良好效果。但要实事求是，赞扬不可过分。多余的恭维、肉麻的吹捧，反而会引起对方的不愉快，扩大双方的心理距离。如对方的屋子很凌乱，你却要说"屋子干净，夫人能干"，对方不仅会感到难堪，甚至会误认为你在挖苦他。

如何说客户才会听

销售员与客户寒暄时，可由个人的身体、工作，谈到家庭、孩子的情况，天南海北地扯一通，讲点新闻，说点笑话，使销售气氛融洽亲热，然后再引入正题。

开门见山挑明你的来意

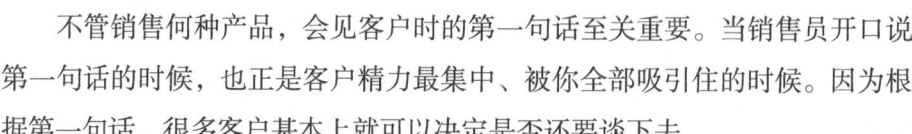

不管销售何种产品，会见客户时的第一句话至关重要。当销售员开口说第一句话的时候，也正是客户精力最集中、被你全部吸引住的时候。因为根据第一句话，很多客户基本上就可以决定是否还要谈下去。

销售员的第一句话是打开话题、博得客户好感的一种最容易也是最直接的方法，所以一定要注意开场的第一句话真实自然、恰如其分。

销售员在面对一些客户时，有时候向对方坦白自己的来意与目的，比遮遮掩掩地开口效果会更好。只有首先让客户知道他需要什么，才能使他觉得如果这项交易不能达成，那么对于他来说将会是一大损失。

1. 直接表明你的目的

如果你是一个药品销售员，一进药店的大门，就可以大胆地向对方表明自己的来意："您好，我是××制药公司的××。我今天来是要跟贵店洽谈代销药品的事情……我真心地希望能跟贵店合作，希望贵店……"

在这个开场白中，如果你没有这一番直接道明来意的介绍，没有很清楚地向药店店员说明此次前来的目的，没有表明自己的合作诚意，药店店员则很可能把你当成一名普通的消费者，为你提供推荐药品、介绍功效等服务。而最后你突然说："我不是来买药的，我是××厂的销售员……"那么药店店员就可能会有一种强烈的被欺骗的感觉，马上就会对你的药品销售产生反感情绪。这时，你要再想展开销售工作肯定就困难了。

以下是一些可借鉴的成功例子。

"下午好，林先生，我是大东公司的小静。我今天特意打电话给您的原因是我们刚刚成功结束与哈雷公司的一次重要合作项目。我希望下个礼拜能到您那里拜访，告诉您我们与哈雷公司合作的成功经验。您看什么时候方便？"

"上午好，汪先生，我是卓越公司的小林，我今天特意来拜访您，是为了告诉您我们如何提高您的工作效率。我深信，同哈雷公司一样，您也会对这个产品感兴趣。"

2. 坦诚表达你的善意

在销售保险业务时，有时候会不可避免地要谈到死亡、疾病、灾害等话题。销售员在谈到死亡时，不妨直接说"在你过世时"，而不要说"如果你意外离世而去""当你不幸被上帝选中"或"当灾难意外地发生在你身上"等。因为，在这种情况下，客户会比较容易接受坦诚的说法，并且明白你来的目的，不仅是为了销售保险，同时也是为了使他获得保障，帮他避免未来的生活因不幸事故而陷入困境。例如："陈经理，您好，我是××保险公司的×××，我今天给您打电话是跟您商谈一下关于意外保险的事……生活中总会有意外发生，而我们这份保险将会给您提供完善的保障……"

总之，要想一开始就抓住客户的注意力，一个最简单的办法就是去掉那些空泛的言辞和一些多余的寒暄，而且在表述时必须生动有力、语句简练、声调略高、语速适中。讲话时要目视对方双眼，面带微笑，表现出自信而谦逊、热情而自然、真诚而友好的态度，切不可拖泥带水、支支吾吾、唯唯诺诺。

如何说客户才会听

在开场白中，销售员不妨开门见山地告诉客户，自己可以使客户获得哪些具体利益。这样的开场白肯定能够让客户放下手头工作，去耐心倾听销售员的详细介绍。

初次见面，套个近乎

说客套话的目的无非是为了与客户套近乎。套近乎为双方沟通创造一个良好的氛围，从而赢得对方的支持与合作。

套近乎首先要让对方接受自己，然后在彼此之间建立一种好的关系。对销售员来说，与客户的关系拉进了，才能更加详细地介绍自己的产品来吸引客户，客户的注意力被吸引了，才可能对产品产生兴趣，从而引发购买的欲望。谁能快速拉进与客户的关系，谁就拥有更多的商机。

以下是优秀的销售员常用的几种套近乎的技巧。

1. 使用简明的开场白

为了吸引客户的注意力，在面对面的洽谈中，说好第一句话是十分重要的。开场白的好坏，几乎可以决定这次销售是否成功。好的开始是成功的一半。大部分客户在听销售员第一句话的时候要比听其后面的话认真得多，听完第一句话，很多客户就自觉或不自觉地决定了是尽快打发销售员还是继续谈下去。

专家们在研究销售心理时发现，洽谈中的客户在刚开始的几秒钟所获得的刺激信号，一般比之后10分钟里所获得的要深刻得多。

开始即抓住客户注意力的一个简单办法是去掉空泛的言辞和一些多余的寒暄。为了防止客户走神或考虑其他问题，开场白上多动些脑筋，开始的几句话十分重要是非讲不可的。表述时必须生动有力，句子简练，声调略高，语速适中。开场白使客户了解自己的利益所在，是吸引客户注意力的一个有效的思路。

2. 通过提问了解客户的需要

提问是引起客户注意的常用手段。在销售中，提问的目的只有一个，那就是——了解客户的需要。"你需要什么？"这种直接的问法恐怕客户自己也不知道需要什么。

销售员在向客户提问时，利用适当的悬念以引起客户的好奇心，是一个引起注意的好办法。一位优秀的销售员对提问是非常慎重的。通常提问要确定三点：提问的内容、提问的时机、提问的方式。此外，所提的问题会在对方身上产生何种反应，也需要考虑。恰当的提问如同水龙头控制着自来水的流量，销售员通过巧妙的提问得到信息，促使客户作出反应。

3. 巧言打动客户的心

一位卖皮鞋的销售员，他对从自己的柜台前漫不经心走过的客户说了一句："先生，当心摔跤。"客户不由得停下来，看看自己的脚面，这时售货员乘机凑上前来，对客户会意一笑："你的鞋子旧了，换一双吧！"

一位远道而来的销售员与客户洽谈，为了吸引对方的注意，他很喜欢用这样一句话来开始介绍他所销售的产品："说真的，我一提起它，也许你会不耐烦而把我赶走的。"这时客户会很自然地回答："为什么呢？照直说吧！"不用多说，对方的注意力已经集中到销售员之后要讲的话题上。

4. 用旁证引起对方的兴趣

在唤起注意方面，销售员广泛引用旁证往往能收到很好的效果。一家著名的保险公司的经纪人常常在自己的老主顾中挑选一些合作者请他们介绍一些朋友认识，一旦确定了销售对象，他在征得该对象的好友某某先生的同意后，上门访问时他就会这样对客户说："某某先生经常在我面前提起你！"

对方肯定想知道自己的好友到底说了些什么，这样双方便有了进一步商讨洽谈的机会。

如何说客户才会听

套近乎是销售中与客户沟通情感的有效方式，要想让客户对你的话感兴趣，学会套近乎是销售员必须掌握的说话技巧。

销售中屡试不爽的客套话

客套话就是表示客气的话。在交往中，客套话无处不在，例如，"久仰""借光""对不起"等。说客套话是一种文明，也是一种销售技巧。

1. 见面之初的称谓与问候

初次见面说"久仰"；分别重逢说"久违"；对方的家叫"府上"；自己的家叫"寒舍"。

称对方父亲为"令尊"；称对方母亲为"令堂"；称对方妻子为"夫人"；称对方儿子为"公子"；称对方女儿为"令爱"。

问姓名叫"贵姓""尊姓大名"；问年龄叫"贵庚"；问老人年龄叫"高寿"。

问职务叫"称谓"；请人相见说"有请"；看望别人用"拜访"；宾客来访用"光临""光顾"。

说人长胖用"发福"；回答问候说"托福"；等候客人用"恭候"；祝贺别人说"恭喜"。

具体到销售，可以用以下客套方式。

销售员："您好，请问您是李总吗？"或"您贵姓？"（上前握手）

夏经理："你好，不好意思，李总正在忙，所以我来先和你谈一下！我是公司的销售经理，我姓夏。"

销售员："您好，夏经理，很高兴认识您！这是我的名片，以后还要多向您请教！"

夏经理："不客气，我们先到那边坐一下，先互相了解一下再说……"

2. 求人时候用语

托人办事用"拜托"；求人帮忙说"劳驾"；求人方便说"借光"；谢人代劳说"难为"。

麻烦别人说"打扰"；向人祝贺说"恭喜"；请人看稿说"阅示"；请人改稿说"斧正"。

求人解答用"请问"；请人指点用"赐教"；与人较量说"领教"；受人教益说"见教"。

请人任职说"屈就"；让人花钱说"破费"；向人发问说"动问"；向人询问说"借光"。

请人批评说"指正"；领受情谊说"承情"；耗费精神说"费神"；耗费心思说"费心"。

请人指点说"指教"；请人赴约说"赏光"；请求接受说"赏脸"；得到关照说"承蒙"。

受到谦让说"承让"；请人帮忙说"偏劳"；受到款待说"叨扰"；请人做事说"劳驾"。

征求意见说"不吝""指教"；得人好处说"叨光"。

3. 表示感谢或歉意

对人有愧说"对不起"；被人帮助说"谢谢"；记人不清说"眼拙"。

请求不计较说"还望"；委屈他人说"屈尊"；答谢恭维讲"好说"；未能迎接说"失迎"。

归还原主叫"奉还"；对方来信叫"惠书"；请人收礼说"笑纳"；自称礼轻称"薄礼"。

不受馈赠说"璧还"；表示歉意说"不安"；不能相陪说"少陪"；中

途先走用"失陪"。

责己不周说"少礼""失敬";求人原谅说"海涵""包涵";招待不周说"怠慢"。

4. 道别用语

送客出门说"慢走";与客道别说"再来";请人勿送叫"留步";晚上道别说"晚安"。

因事不陪说"失陪";辞谢馈赠说"心领";要人不送说"留步"。

5. 当面称赞他人的话

如赞人见解用"高见",还可以称赞他人的孩子聪明可爱,称赞他人的衣服大方漂亮,称赞他人教子有方,称赞他人有眼光等等。这种客套话所说的有的是实情,有的与事实存在一定的差距,有的则正好相反。称赞他人的话说起来只要不太离谱,听的人十有八九都感到高兴,而且旁人越多他越高兴。

6. 当面答应他人的话

如"我会全力帮忙的""这事包在我身上""有什么问题尽管来找我"等。这样的客套话是必须要说的,因为对方就站在你的面前,这是一种无形的压力,给客户以承诺使客户放心购买,从而排除了客户的心理障碍。

朱小姐:"李老板吗,这里有两张饰品单要做,张先生叫你过来谈一下,可以吗?"

李老板:"好的,没问题,谢谢你呀,朱小姐。"

张先生正在打电话,李老板便到厅里和那位业务员朱小姐攀谈起来。

李老板很客套:"朱小姐,挺忙的吧?"

"还好,你自己做老板呀,真厉害呀!"

"你过奖了,小本经营呐,还得靠你们大伙儿照顾呀!"

"现在饰品应该利润还可以的吧?"

"今年不是很好,现在生意不怎么好做呀!"

"好像也是,每天找我们要单做的工厂很多,我这里已有好几家供我们选择的,这个你应该也是清楚的……"

"真是谢谢你，有空我请你喝茶。"

"你太客气了，这倒不必了……"

如何说客户才会听

客套话的说法，没有一定的标准，也没有固定的形式，要看当时的情况、具体的人来决定，做到因人而异，有的放矢。

客套话不可过度

谈话的目的在于沟通双方的情感，增加双方的兴趣。销售员在绝大多数情况下，都是跟陌生人沟通的，为了同陌生人达成一致的态度，客套话肯定是必不可少的，但是过多的客套话则恰恰是横挡在双方中间的障碍物，如果不把这件障碍物搬走，人们只能隔着墙进行简单、敷衍的交流。

经过一个月的培训，麦克学习了部分销售的知识，今天是麦克走上销售岗位的第一天，他将去拜访他有生以来的第一位客户。在培训当中，麦克知道见到客户一定要有礼貌，为了增加与客户之间的亲密感，一定要说一些场面上的客套话。经过周密的准备，他敲响了客户的门。

"请问您找谁？"一个中年男子开了门。

麦克彬彬有礼地回答道："请问您是安德森先生吗？我是麦克，很高兴认识您。"说着，麦克伸出了手。主人礼节性地握了握手，又问道："认识你我也很高兴，但是你找我有什么事呢？"

"冒昧地打搅，真是不好意思。占用了您的休息时间，也非常过意不去。您可以原谅我吗？"

"噢，没关系。您有何贵干？"

麦克从开着的门看了一眼屋内的摆设，故意夸奖说："看您屋内的摆设，就知道您是一个会生活的人，我说得没错吧？"

"谢谢你的夸奖，但是你究竟有什么事？"主人有些不耐烦了，屋内热水壶也鸣叫起来，告诉他水烧开了。

"嗯，再一次谢谢您能够抽出时间来跟我说这么多的话，我真的很感激。事实上，我还想再耽误您一点时间，来说说……"

"够了！"主人焦躁地说，"你已经耽误我够多的时间了！"接着，门就被"砰"的一声关上了。麦克目瞪口呆，不明白这是怎么一回事，难道自己对客户还不够礼貌吗？

麦克的客套话说得还不够吗？事实上恰恰相反，麦克的失败就在于他认为说客套话才是拉近关系的唯一方法，却忽视了因过度客套而带来的反面作用。

有人片面地认为，多说客套话只有好处，没有坏处。实际上，客套是一把双刃剑，一方面能让不熟悉和不那么亲近的人感受到你的礼节和敬意，另一方面如果过于客套，反而拉大销售员与客户之间的距离。

与客户初次见面略谈客套话后，第二次、第三次的见面就要尽量少用那些"阁下""府上"等词，如果一直用下去，真挚的友谊是无法建立的。客套话的堆砌会损害融洽的气氛。

客套话是表示你的恭敬或感激，不是用来敷衍人的，所以要适可而止。多用就流于迂腐，流于浮滑，流于虚伪。有人替你做一点小小的事情，例如递给你一杯茶，你说"谢谢"就够了。在一些特殊的情形下，你最多说"对不起，这事情要麻烦你"，这就够了。但是有些人却要说："谢谢你，真对不起，我不该拿这些小事情麻烦你，真使我觉得难过，实在太感激了……"你在旁边听见也会觉得不舒服的，可是你自己不也有这样毛病吗？

如何说客户才会听

说过度的客套话会让客户感觉你的不诚实，心生厌烦，进而中止与你的谈话。说客套话要有个度，适可而止。

第三章
客户爱听什么，你就说什么

发掘客户喜欢听的话题

中国有句古话：知己知彼，百战不殆。做销售也是同样的道理。当销售员接近一个客户的时候，要做的第一件事情就是搜集相关信息，了解客户的兴趣爱好、工作状况等。收集客户信息就像作战时搜集情报一样，它直接影响后面的销售决策。

杰克逊是某保险公司的销售员。有一次，他乘坐出租车，在一个路口遇到红灯停了下来，跟在后面的一辆黑色轿车也与他的车并列停下。他从窗口望去，那辆豪华轿车的后座上坐着一位头发斑白但颇有气派的绅士正闭目养神。

就在一瞬间，杰克逊的潜意识告诉他：机会来了。记下了那辆车的号码后，他打电话到交通监理局查询那辆车的主人，事后，他得知那辆车是一家外贸公司总经理科比先生的车子。

于是，他对科比先生进行了全面调查。随着调查的深入，杰克逊又知道了科比先生是加州人，于是他又向同乡会查询得知科比先生为人幽默、风趣又热心。最后，他终于清楚地知道了科比先生的一切情况，包括他的学历、出生地、家庭成员、个人兴趣、公司规模、营业项目、经营状况，以及他住宅附近的情况。

调查完毕之后，杰克逊便开始想办法接近科比先生。由于先前的信息搜集工作做得好，杰克逊早已知道科比先生的下班时间，所以他选定一天，在这家外贸公司的大门口前等候。

下午五点，公司下班了。公司的员工陆续走出大门，每个人都服装整齐、精神抖擞，愉快地在门口挥手互道再见。公司的规模看来不大，但是纪律严明，而且公司的上上下下充满着朝气与活力。杰克逊把看到的一切立刻记在资料本上。

五点半，一辆黑色轿车驶到公司大门前，杰克逊一看车牌号——正是科比先生的座驾。很快地，科比先生出现了，虽然杰克逊只见过他一次，但经过调查之后，他对科比先生已非常熟悉，所以一眼就认出来了。

万事俱备，只欠东风。后来，杰克逊找了一个机会与科比先生攀谈起来，科比先生很惊讶杰克逊对他的了解，而且对杰克逊的谈话也表现得很感兴趣。

接下来的事就顺理成章了，杰克逊向科比先生销售保险时，他愉快地在一份保单上签了名。

后来，两个人成了很好的朋友，科比先生在事业上还给了杰克逊不少的帮助。

对于销售员来说，客户信息是一笔财富，应该把对客户的调查看成是销售的一部分，磨刀不误砍柴工，情报信息工作对于未来的销售价值是会不断增大的。

搜集客户的相关信息和资料可以帮助你接近客户，使你能够有效地跟客户讨论问题，谈论他们感兴趣的话题。有了这些材料，你就会知道他们喜欢什么，不喜欢什么，你可以让他们高谈阔论，兴高采烈。只要你有办法使客户心情舒畅，他们就不会让你失望。销售之路顺畅，必然给你带来更多的客户资料，这就要求你必须建立客户档案，否则，单凭记忆是无法准确地装下如此多的客户资料。建立客户档案的好处在于，能够掌握客户的一般情况，也便于对客户的使用情况进行统计。手头上有了客户的技术性数据，当然可以判断出客户的更换期限，这样也会为你的销售工作带来很大的方便。

一般来说，完整的客户信息包括以下几点：

（1）客户基本信息：客户编号、客户类别、客户名称、地址、电话、传真、电子邮件、邮编等。

（2）联系人信息：联系人姓名、性别、年龄、爱好、职务、友好程度、决策关系等。

（3）客户来源信息：市场活动、广告影响、业务人员开发、合作伙伴开发、老客户推荐等。

（4）客户业务信息：所属行业、需求信息、价格信息、客户调查问卷等。

（5）客户交往信息：交往记录、交易历史、服务历史等。

（6）客户价值信息：客户信用信息、价值分类信息、价值状况信息等。

完整的客户信息可以帮助销售员更好地开展业务，建设完整客户信息的基础是建立相关的业务规范，在业务过程中不断搜集、整理和完善客户信息。总之，你对客户的情况了解得越透彻，你的销售工作就越容易开展，你就越会得到事半功倍的效果。

如何说客户才会听

销售员在搜集客户信息时，不仅要了解客户的兴趣、爱好，同时也要了解他的家人、亲戚朋友的兴趣爱好，这对增进与客户沟通、促进销售成功至关重要。

从客户感兴趣的话题切入

销售员的销售工作通常是以各种商谈的形式来进行的，如果客户对销售员的话题没有什么兴趣的话，那么，双方之间的会谈也就会变得索然无味，难以达到预计的效果。

销售员要想迅速地接近客户，与客户建立良好的人际关系，就要尽早找出双方共同感兴趣的话题，在拜访之前先搜集信息与资料，尤其是在第一次拜访时，事前的准备工作一定要充分。

在初次接近客户时，恰当的询问是必不可少的，销售员在不断的发问中，就能相对容易地发现客户的兴趣所在。

例如，当看到对方的阳台上有很多盆栽，你就可以问："您对盆栽很感兴趣吧？近日花市正在举办花展，不知道您去看过没有？"

看到对方的高尔夫球具、溜冰鞋、钓鱼竿、围棋或象棋等，同样都可以拿来作为话题。当然，天气、季节和新闻也都是很好的话题，但是如果对方对此反应冷淡，那么销售员就应迅速转移话题。所以，这就要求销售员平时要注意积累，要有广泛的知识面，以能够轻松地应对各种各样的客户。

谈论客户感兴趣的话题，可以使双方的会谈气氛较为缓和，接着再进入主题，效果往往会比一开始就立刻进入主题要好得多。

杜维诺先生经营着一家高级面包公司——杜维诺父子面包公司。他特别想把自己公司生产的面包销售到纽约的一家大饭店。他为此付出了巨大的努力，4年来，他不知道给该饭店的经理打过了多少次电话，并且还去参加了由该经理组织的社交聚会。他甚至一度在该饭店住了下来，以便做成这笔生意。但是，杜维诺的所有努力都未能收到成效。因为，饭店的经理很难接触，他压根就没有把心思放在杜维诺父子面包公司的产品上。

杜维诺百思不得其解，后来，经过长期的思索与观察，他终于找到了症结所在。于是，他决定立即改变接近对方的策略，转而去寻找这位经理感兴趣的东西，以找出双方共同感兴趣的话题。

经过一番调查与分析，杜维诺发现该经理是一个名叫"美国旅馆招待者"组织的骨干成员，而且最近还被当选为主席，他对这个组织倾注了极大的热情。不论该组织在什么地方举行活动，他都一定到场。得到这一信息后，杜维诺详细研究了这个组织的相关信息。

第二天，当杜维诺再见到这位经理时，就开始大谈特谈"美国旅馆招待者"组织，这一下杜维诺算是准确找到方向了，对方也滔滔不绝地跟杜维诺交谈起来。当然，话题都是有关这个组织的。在结束谈话时，杜维诺还得到了一张该组织的会员证。他虽然在这次会面中并未提销售面包之事，但没过几天，那家饭店的厨师就打来了电话，让杜维诺赶快把面包样品和价格表送过去。

"我真不知道你对我们那位经理先生动了什么手脚。"厨师在电话里说，"他可是个难以说服的人。"

"想想看吧，我整整缠了他4年，还为此租了你们饭店的房间。为了得到这笔生意，我想尽了办法。"杜维诺感慨地说，"不过感谢上帝，我找出了他的兴趣所在，知道了他喜欢听什么内容的话，总算接近了这个难缠的人。"

如何说客户才会听

销售工作的对象是人，而那些聪明的销售员总会审时度势，有时候会巧妙地避免正面销售，从对方感兴趣的话题的角度切入，从而迅速接近客户，并打开销售工作的局面。

引发话题，让客户听得兴趣盎然

只有那些能引起客户兴趣的话题才可能使整个销售沟通充满生机。客户一般情况下是不会马上就对你的产品或企业产生兴趣的，这需要销售员在最短时间之内找到客户感兴趣的话题，然后再伺机引出自己的销售目的。比如，销售员可以首先从客户的工作、孩子和家庭以及重大新闻时事等谈起，以此活跃沟通气氛、增加客户对你的好感。

通常情况下,销售员可以通过以下话题引起客户的兴趣:

(1) 提起客户的主要爱好,如体育运动、娱乐休闲方式等。

(2) 谈论客户的工作,如客户在工作上曾经取得的成就或将来的美好前途等。

(3) 谈论时事新闻,如每天早上迅速浏览一遍报纸,等与客户沟通时首先把刚刚通过报纸了解到的重大新闻拿来与客户谈论。

(4) 询问客户的孩子或父母的信息,如孩子几岁了、上学的情况、父母的身体是否健康等。

(5) 谈论时下大众比较关心的焦点问题,如房地产是否涨价、如何节约能源等。

(6) 和客户一起怀旧,比如提起客户的故乡或者最令其回味的往事等。

(7) 谈论客户的身体,如提醒客户注意自己和家人身体的保养等。

对于客户十分感兴趣的话题,销售员可以通过巧妙地询问和认真地观察与分析进行了解,然后引入共同话题。因此,在与客户进行销售沟通之前,销售员十分有必要花费一定的时间和精力对客户的特殊喜好和品位等进行研究,这样在沟通过程中才能做到有的放矢。

某公司的汽车销售员小马在一次大型汽车展示会上结识了一位潜在客户。通过对潜在客户言行举止的观察,小马分析这位客户对越野型汽车十分感兴趣,而且其品位极高。虽然小马将本公司的产品手册交到了客户手中,可是这位潜在客户一直没给小马任何回复,小马曾经有两次试着打电话联系,客户都说自己工作很忙,周末则要和朋友一起到郊外的射击场射击。

后来又经过多方打听,小马得知这位客户酷爱射击。于是,小马上网查找了大量有关射击的资料,一个星期之后,小马不仅对周边地区所有著名的射击场了如指掌,而且还掌握了一些射击的基本功。再一次打电话时,小马对销售汽车的事情只字不提,只是告诉客户自己"无意中发现了一家设施特别齐全、环境十分优美的射击场"。下一个周末,小马很顺利地在那家射击场见到了客户。小马对射击知识的了解让那位客户迅速对其刮目相看,他大叹自己"找到了知音"。在返回市里的路上，客户主动表示自己喜欢驾驶装饰豪华的越野型汽车，小马告诉客户："我们公司正好刚刚上市一款新型豪华型越野汽车，这是目前市场上最有个性和最能体现品位的汽车。"

一场有着良好开端的销售沟通就这样形成了。

在寻找客户感兴趣的话题时，销售员要特别注意一点：要想使客户对某种话题感兴趣，你最好对这种话题同样感兴趣。因为整个沟通过程必须要有互动，否则就无法实现具体的销售目标。

如果只有客户一方对某种话题感兴趣，而你却表现得兴趣索然，或者内心排斥却故意表现出喜欢的样子，那客户的谈话热情和积极性马上就会被冷却，这是很难达到良好沟通效果的。销售员应该在平时多培养一些兴趣，多积累一些各方面的知识，至少应该培养一些比较符合大众口味的兴趣，比如体育运动和一些积极的娱乐方式等。这样，等到与客户沟通时就不至于捉襟见肘，也不至于使客户感到与你的沟通淡而无味了。

如何说客户才会听

客户兴趣的激发，源于平时的积累，将平时的积累作为话题，引起客户兴趣，对客户进行心理攻势，这样的销售，才能达到一锤定音的效果。

有共同话题，就有共同语言

销售通常是以商谈的方式来进行，但是如果有机会观察销售员和客户的对话，就会发现大部分的商谈太过于严肃了。

所以说对话之中如果没有趣味性、共同性是行不通的。通常商谈是由销售员来迎合客户，倘若客户对销售员的话题没有一点点兴趣的话，彼此的对话就会变得索然无味。

销售员为了要和客户之间培养良好的人际关系，最好尽早找出共同的话题，在拜访之前先收集有关的情报，尤其是在第一次拜访时，事前的准备工作一定要充分。

总之，询问是绝对少不了的，销售员在不断地发问当中，很快地就可以发现客户的兴趣。

例如，看到客户的阳台上有很多盆栽，销售员可以说："你对盆栽很感兴趣吧？假日花市正在开兰花展，不知道你去看过了没有？"

看到客户的高尔夫球具、溜冰鞋、钓竿、围棋或象棋，销售员都可以拿来作为话题。

对异性的流行、时尚等异性感兴趣的话题也要多多少少知道一些，总之最好是无所不通。

打过招呼之后，谈谈客户深感兴趣的话题，可以使气氛缓和一些，接着再进入主题，效果往往会比一开始就立刻进入主题来得好。

天气、季节和新闻也都是很好的话题，但是这类话题大约一分钟左右就谈完了，所以很难成为共同的话题。

如何说客户才会听

商谈的关键是在于客户感兴趣的东西，销售员多多少少都要懂一些。要做到这一点必须靠长年的积累，而且必须努力不懈地来充实自己。

寻找共同话题，掌控主动权

原一平为了应付不同的准客户，每星期六下午都到图书馆苦读。他研修的范围极广，上至时事、文学、经济，下至家庭电器、烟斗制造、木屐修理，几乎无所不包。

由于原一平涉猎的范围太广,所以不论他如何努力,总是博而不精,永远赶不上任何一方面的专家。

既然永远赶不上专家,因此他谈话总是适可而止。就像要给病人动手术的外科医师一样,手术之前先为病人打麻醉针,而谈话只要能麻醉一下客户就行了。

在与准客户谈话时,原一平的话题就像旋转的转盘一般,转个不停,直到准客户对该话题发生兴趣为止。

原一平曾与一位对股票很有兴趣的准客户谈到股市的近况。出乎意料的是,准客户反应冷淡,莫非他又把股票卖掉了吗?原一平接着谈到未来的热门股,他眼睛发亮了。原来他卖掉股票,添购新屋。结果他对房地产的近况谈得起劲,后来原一平知道,他正待机而动,准备在恰当的时机,卖掉房子,买进未来的热门股。

这一场交谈,前后只用了9分钟。如果把他们的谈话录下来重播的话,交谈一定都是片片断断、有头无尾。原一平就是用这种不断更换话题的"轮盘话术",寻找出准客户的兴趣所在。

等到原一平发现准客户对某个话题趣味盎然,双眼发亮时,他就借故告辞了。

"哎呀!我忘了一件事,真抱歉,我改天再来。"

原一平突然离去,准客户通常会以一脸的诧异表示他的意犹未尽。

而他呢?既然已搔到准客户的痒处,也就为下次的访问铺好了路。

如何说客户才会听

要想使客户购买你销售的产品,首先要了解其兴趣和关心的问题,并将这些作为双方的共同话题。

没话找话，制造话题

作为世界上卖出汽车最多的销售员，乔·吉拉德说："我有一项特殊的本领，我能看出一个人从事的职业。"很多时候看车人并不会开口说话，乔·吉拉德就会说："我敢打赌，您是一位医生。"即便看车人不是医生，也不会生气，因为在美国，医生是收入高、令人尊敬的职业，对方如此说，表明他是受人尊敬的。

有一次，乔·吉拉德对一个看车人说了同样的话，但这个看车人说不是。乔·吉拉德马上问对方的工作，这个看车人说他在史丹肉类公司工作——宰牛。听到这里，乔·吉拉德并没有出现惊讶的表情，而是表现得很热情，并高兴地说自己一直想知道牛肉是怎么来的，并提出到对方的公司去看看。于是他们讨论起参观杀牛的事情来。不久后，看车人高兴地买了车子。

没过多久，乔·吉拉德真的去参观了宰牛工厂，而且见到了那位客户的许多同事。在那位客户的介绍下，他又认识了许许多多可能买车的人。这样，如果乔·吉拉德下一次碰见肉类公司的看车人，他就会说自己有一个朋友在史丹肉类公司，于是他们又会找到共同话题。

也许你会觉得像乔·吉拉德那样是没话找话，能做成生意完全是靠好运气的帮忙，实际上则不然。没话找话，从对方比较感兴趣的一个点入手接近客户，找出对方的兴趣所在，创造轻松愉快的气氛，再从这个点下手，一步一步接近自己的主题，才有可能制造出最有可能打动客户的契机。

（1）话题必须是客户感兴趣的内容，而不是你自己喜欢的内容。

（2）你要积极地引导，让客户主动发言。

（3）控制时间，不能因为聊天过于投入，忘了此行目的。

会说话的销售员深知说话的意义，所以他们习惯于在销售时安排好讲解的顺序，这样不仅可以把话说到点子上，而且还让所说的话听起来合情合理，逻辑性强，带领客户一步步走向成交的高峰。

游戏软件销售员小罗对客户说:"您的孩子快上中学了吧?"

客户愣了一下说:"对。"

小罗继续说:"孩子在初中阶段是智力蓬勃发展的时候,更需要智力的开发。我这里有一些游戏软件,对您孩子的智力提升非常有效。我想,您一定希望您孩子的智力超人一等吧!"

客户说:"我儿子不需要什么游戏软件,他都快上初中了,谁还玩这些东西?难道你没有听说过'玩物丧志'吗?"

小罗说:"我们推出的这个游戏软件是专门为中学生设计的,它是把数学和英语学习综合在一起的一款智力游戏,绝不是一般的游戏软件,其主要目的是提升游戏者的数学和英语能力。"

听到小罗的这番介绍,客户开始犹豫了。小罗看到客户有些心动了,继续说道:"现在是一个知识爆炸的时代,不再像过去那样光从书本上学习知识,各种信息蜂拥而来。而孩子的盲目上网,盲目依赖网络游戏对他们心智的形成会产生相当严重的影响。与其让孩子整天泡在网络游戏上,不如试试这款新型的学习型游戏软件。这样,您的孩子既会感受到玩耍的快乐,不会对学习产生厌恶心理,又能真正学到知识,提高学习成绩。这款游戏软件经过很多客户用过之后,发现已经成为孩子必不可少的学习的重要工具了。"小罗边说边从包里取出了一个游戏软件递给客户:"这就是我说的游戏软件,不如让我们一起来看看内容吧?"

很快,客户便被小罗推荐的游戏软件的内容给吸引住了。

小罗又说:"现在的孩子真命好,家长为了孩子们能够全面发展,成龙成凤,往往不惜代价。我今天拜访了好几位家长,他们都买了这款游戏软件。因为他们也觉得这款游戏能帮得上孩子学习,他们还要求我一有新的产品就要马上告诉他们呢。"

最后,客户很高兴地买下了这套游戏软件,而且后来还跟小罗成了好朋友。

成功的销售员非常清楚客户心里想要的是什么,因此总能把话说到点子上，说到客户的心坎里。比如销售员小罗就非常会说话，懂得将自己产品中的某些特色完美地诠释成客户所想要的东西。

如何说客户才会听

没话找话，一方面可以拉近自己与客户之间的距离，另一方面可以探询客户的内心想法，发现客户的兴趣，找到交谈的共同话题，一步一步引导客户进入交谈主题。

想办法让客户"来电"

和客户打交道，只要能够"来电"，就像谈恋爱一样，马上就会进入一个蜜月期。销售就像谈恋爱。谈恋爱是要和自己的爱人找到共同语言，也就是俗话说的"来电"。只有能够"来电"，两个人才有继续交谈的可能。搞销售同样是这个道理，你要和客户找到共同的语言，找到双方感兴趣的话题，才能够和客户共鸣。尤其是在挖掘客户的时候，就要和客户"来电"，只有这样，客户才会对你的话产生兴趣，才能认可你，才会接纳你。中国有句老话，叫作"物以类聚、人以群分"。

要让客户来电，关键是要了解客户，你得进入他的轨道，只有这样，才能够找到和客户接近的机会，顺利地成为朋友。所谓进入轨道，就像听收音机，只有找到专门的波段，才能够听到你想要听的节目。客户也是一样，只有进入了他们认可或喜好的频道，进入他的轨道，你们才有可能"来电"，沟通和交流才会顺畅。

怎样才能够进入客户的轨道呢？要想进入客户的轨道，关键是要和客户"同步"，具体来说，有以下几点：

首先，要情绪同步。

有的销售员不知道这一点，总是把自己的注意力集中到销售上，不注意客户的情绪，结果自然不会好。客户对他说："小张啊，你知道吗，我儿子考上大学啦！我心里高兴呀！"儿子考上大学了，这个客户当然高兴。但是有的销售员竟然没有一点感觉："哦，张先生，你儿子考上大学了，这是好事。不过咱们还是看看这个产品您还有什么其他的问题吧。"情绪上没有和客户同步，客户心里肯定不舒服，甚至认为"你根本就不在乎我，你根本就没有听我的话"。那这笔交易估计也就要走到终点了。

所以说，在交易时一定要和客户的情绪同步。当客户的情绪比较亢奋，正说一个他喜欢的事情时，我们要用同样的情绪来迎合他。优秀的销售员经常要嘴里提高声调说一句："后来怎么样了呢？"这样客户就会很高兴继续讲下去。客户感到被关注，心里很舒服，双方交易，他也轻易不会让你扫兴而归。所以说，客户和我们交流的时候，要和他的情绪同步。

其次，除了情绪的同步外，还要做到语气、语速的同步。

大家一定注意到，客户的语速有快有慢。这方面，我们也要和对方同步起来，只有这样双方在沟通和交流中才会感觉很合拍，拍子和上了，就会一步一步地走下去。如何做到很合拍呢？其实很简单，如果客户的语速比较慢，我们就要说得慢一点；如果客户说得像打机关枪，我们当然也不能像散步一样，也要提高语速。

最后，还要和客户达到语言上的同步。

比如客户说："怎么说呢……"你应该这样说："嗯，张先生，怎么说呢……"然后再继续介绍产品，这样和客户沟通起来会很合拍。

如何说客户才会听

交谈中要和客户合拍，最关键的、最重要的是在价值观上合拍，因为价值观是一个人为人处事的根本，如果价值观合上合拍了，那之后的交谈就顺利得多了。

第四章
想让客户听话，先为客户说话

站在客户的立场说话

很多销售员几乎都有一个通病，即在好不容易见到客户后，就急不可耐地向他们销售自己的产品，迫不及待地想成交，生怕眼前的生意飞走了。殊不知，你这样做很可能会引起客户的逆反心理，你越是急于求成，他们越是犹豫不决。那么遇到这种情况该怎么办呢？其实，你不妨换个思路，多为对方做一些考虑，站在客户的立场上说一些他们爱听的话，或许会收到意想不到的效果。

有一个餐厅生意很好，餐厅的老板年纪大了，想要退休了，就把3位经理找了过来。

老板问第一位经理："先有鸡还是先有蛋？"

第一位经理想了想，答道："先有鸡。"

老板接着问第二位经理说："先有鸡还是先有蛋？"

第二位经理胸有成竹地答道："先有蛋。"

老板又问第三位经理："先有鸡还是先有蛋？"

第三位经理认真地说："客人先点鸡，就先有鸡；客人先点蛋，就先有蛋。"

老板笑了，于是擢升第三位经理为总经理。

客户就是上帝。只有一心为客户着想的人，才会真正赢得市场，获得成功。

积极地为客户着想，是销售员对待客户的基本原则，也是销售员成功的基本要素。

有一位销售培训师对学生们说："能够把冰箱卖给因纽特人的销售员不是一个好的销售员。因为这个因纽特人在发觉上当后就再也不愿见到他了，销售员也不要想再回到那里卖其他任何东西了。因为别人已对他失去了信任。"现在，有许多销售员，都有这种想法，即把自己手中的产品卖出去，而不管客户买了有没有用，以及能不能发挥出产品的性能。

一个机械设备销售员，费了九牛二虎之力谈成了一笔价值40多万元的生意。但在即将签单的时候，发现另一家公司的设备更合适于客户，而且价格更低。于是，本着为客户着想的原则，他决定把这一切都告诉客户，并建议客户购买另一家公司的产品，客户因此非常感动。结果虽然这个销售员少拿了上万元的提成，还受到公司的责难，但在后来的一年时间内，仅通过该客户介绍的生意就达百万元，而且为自己赢得了很高的声誉。

为什么有的销售员总与成功有缘，而有些销售员则始终无法避免失败呢？最主要的原因是前者能够为客户解决问题，而后者往往对客户的问题表现得盲目和漠视。所有成功的销售员，或者说业绩突出的销售员，之所以成功，是因为他们能够站在客户的立场说话，替客户着想，为客户解决问题。

如何说客户才会听

销售员要懂得站在客户的立场上来思考，设身处地，发现对方的想法、要求，而后再进行引导，晓之以理，动之以情，使其与自己的想法同步，最后使其接受。

借机说:"如果我是你……"

布莱恩·崔西有一个重要的销售原则,那就是站在客户的立场上做销售。

有不少销售员这样对客户说:"先生,我会尽量站在你的角度来做这件事情,为了提供正确的建议给你,我需要你更多的个人资料。"而当客户提供资料后,他们却只是说:"这种情况下,我会建议您应该……"

虽然,销售员说是站在客户的角度考虑问题,但是,销售员后来的言行却又说明他根本没有站在客户的角度考虑问题。

张先生去某家饭店就餐的时候,总会遇到那个"爱说大话"的老板,这位老板一直夸自己餐厅的菜好吃,是正统佳肴,做法精湛,美味超群,还详细解释那道菜是怎么做的,这道菜要怎么吃……谁谁谁都是座上嘉宾……

后来那一次,张先生又听到店老板夸耀自己的美食,他实在忍不住了,对他说:"好吃是客人说的,不是自己说的。"

这家店老板喋喋不休,打扰了客人的进食与谈话,招来客人的反感。如果是好东西,客户吃一下就会知道,如果一道菜一尝就不好吃,说烂了嘴也不会变成美味佳肴。

你是否问过自己,如果你是一位客户,你会不会同自己做生意?如果你能找出这个问题的答案,那么你就能解答大部分客户的问题。如果店老板能谦虚点,多询问客户各种菜品的味道如何,站在客户的角度考虑问题,客户不仅会欣然提出自己的建议,还会对这家店产生亲近感。这样一来,不仅店老板自己不用费口舌,做菜水平还能得到提高,而客户不仅不会少,还会更多。

所以,要想拉拢住客户,要多询问客户,站在客户的角度考虑问题。否则,不仅不会让客户产生好感,还可能会招来客户的反感,甚至伤害客户的自尊心。

比如,如果你是个化妆品销售员,在交流的时候,你可以针对客户脸上的问题表现出对对方的关切,你可以关切地问对方:"你最近是不是肠胃有些不好，你脸上的粉刺已经长了两三年了吧？"这些话，说到了客户的心里，客户自然会对你产生崇敬之情，并且开始有些信任你，客户可能说："的确肠胃不太好，粉刺也已经起了很长时间了。"这时候，你可以关切地给对方提出一些建议，并说上一句："自己要好好保养身体，身体是革命的本钱。"对方听了，一定会非常感激。当然，前提是你一定要真的懂些化妆品。

但是，如果你说话不考虑对方的感受，说："怎么你的鼻子看起来像个草莓？"也许你说这句话的时候，是因为你和客户已经非常熟悉，但是，这样的话也让对方听着不舒服，尽管是关心客户和出于善意，但效果却恰恰相反。

另外，站在客户的角度考虑问题，还体现在能够在客户面前说："如果我是你……"提出一些有见地的意见。但想要说出这句话的前提是要充分掌握了与客户有关的资料。

一个真正优秀的销售员会事先搜集客户的详细资料，掌握客户的一切信息后，再经过详细规划，然后与客户见面时会这样说："先生，如果我是你，你知道我会怎么做吗？"自然地，客户就会问："你会怎么做？"这时销售员就可以从客户的立场进行充分的说明，协助他做最终的决定。

布莱恩是这样一个成功的销售员，他经常在拜访客户时，把客户的资料摊在他们面前，简单地说："先生，如果我是你，我会这样做的。"只要他的提议合乎逻辑，这种方法从未失灵过。并且，当他为客户节省了一笔不小的开支后，他会充分获得客户的信赖，他也因此会拥有更多的客户。

在崔西早期的销售工作中，有一位先生曾经坚持要买两份同样的投资标的，一份在他名下，另一份给他太太。崔西遵从他的要求，但在当天晚上，当他输入客户资料时，却发现两份单独的投资计划合计的费用要比将两份投资计划合并成一份计划的费用高出许多。

第二天一早，崔西立刻跟这位客户联系，并向他说明，如果这两份投资能合成一份的话，至少可以省下20%的费用。客户非常感激崔西，并且接受了这项建议。

客户并不知道崔西的佣金因此而大减。多年以来，这位客户对崔西的好感依然没变，而崔西的佣金损失，早就通过这位客户所介绍的其他客户得到了更多的补偿。

如何说客户才会听

主动站在对方的角度考虑并提出问题，可以更深层次地让客户信任你，而你也能得到更多的潜在讯息。

尊重的话是温暖客户的暖流

我们常说相互尊重是彼此之间进行交流合作的基础，那么提升别人的重要性，也是对人尊重的一种方式。让对方觉得在你心里他是很重要的，那么对方就会获得强烈的安全感和归属感，就会将心倾向于你，对你表示信任。

在销售工作中，让客户感到自己很重要，既是对客户的尊重，也会使销售员得到客户的青睐，顺利购买销售员推荐的产品。销售也是一种人际交往，只有建立起好的关系，才会增进彼此之间的感情，使客户心甘情愿地购买你的产品。

对于销售员来说，打动客户心灵的最好方法，就是巧妙地表现你衷心地认为他们很重要。著名哲学家约翰·杜威说过："人类天性里有一种最深刻的冲动，就是希望具有重要性。"客户当然也不例外。当客户光临你的商店来购买产品，销售员态度冷漠，不理不睬，客户肯定会生气地离开，而且赌气以后再也不来买东西，当你到客户家里销售产品，却对客户表现得不够尊重，客户稍微挑剔一点，销售员就厌烦，甚至和客户争论或者发脾气，那么这样的销售员也一定会被客户轰出门。销售行业奉行的宗旨是"客户是上帝"，作为一种服务行业，销售员应该以友好的态度，努力为客户提供优质的服务，让客户体验到"上帝"的感觉。如果销售员总是想把客户踩在脚下，使劲儿地剥削他们的钱财，这样必然会失去所有的客户，最终走向失败。

有一位销售员约好到一个客户家里销售厨具，但是刚好碰到客户家里正在装修。当销售员到来的时候，客户的家里还没有收拾完毕，屋里很乱，客户迟疑了一下还是请他进屋了。销售员可以看出客户有些不高兴，于是便小心翼翼地找话题说："您的居室好大啊？装修得真不错，既大气又时尚。"客户听他说起装修，使引起自己的话题，于是开始发起牢骚，说装修工程不顺利，很多材料都不中意，而且进度太慢，已经忙了一个多月还没有完工。销售员表示理解，并说了安慰的话。

这时销售员发现客户由于忙里忙外，只是穿了一双拖鞋，而此时客厅里是比较冷的，刚才干活不觉得，而停下来的话就很容易着凉。于是销售员便巧妙地提醒客户说："装修房子的确是累人的事情，但是也不要忘记照顾自己的双脚，我建议您可以先'装修'一下它们，免得受冻，向主人抗议。"客户其实也觉得有点冷，但是不好意思说，而此时销售员注意到并温馨地提示自己，使客户的心里一热，于是他会意地笑笑，说："那真是不好意思了，我先失陪一下。"销售员点头说："没关系，您请便。"

等到客户回到客厅，坐在销售员的对面时，销售员及时地说："您把它们'包装'好，我就觉得安心了。我可不希望我的客户生病不舒服。"客户顿时感到内心一股暖流穿过。在接下来的交谈中，气氛很是愉快，最后客户决定购买他的全套厨具，临走时，客户真诚地对销售员说："我会很珍惜像你这样好的销售员。"

对别人表示关心和重视，能够换回对方积极的回应。能够把客户放在心上的销售员，客户也会把他放在心上。"让客户觉得自己很重要"是打动客户内心的一个重要原则，这就需要销售员在细微处给予客户最真挚的接纳、关心、容忍、理解和欣赏。

销售员要学会关心别人，在这个世界上，每个人都有遇到困难、感到难过的时候，而此时就是最需要别人关心的时候，不管是亲人、朋友还是陌生人，也许只要一句简单的安慰或者问候，就可以给他莫大的温暖和鼓励。学会关心别人，帮助别人，这样当你需要关心和帮助的时候，就会有很多的人向你伸出援助之手。别管这个人是你的亲人、朋友还是陌生人，当他们需要的时候，如果销售员可以慷慨地献出自己的真心和爱心，说不定哪天就会成为你最忠实的客户。对他人表现出诚恳的关心，不仅可以让你赢得朋友，也能令你的客户对你和你的销售及产品报以忠诚。

如何说客户才会听

给客户以重要的感觉，是获得客户信赖的首要途径。销售员要善于付出真情，才会换回客户的真诚相待。

投其所好，一语中的

顺着客户的思路，站在客户的角度，见缝插针，巧言善辩，才能进行零距离的交流，探知你想要的信息。

有个玩具店的销售员，迎来了一位看上去愁眉不展的男士，他在玩具展台前瞧来瞧去，拿不定主意。销售员赶紧走过去，彬彬有礼地发出试探的信息："先生，您好，是给小孩买玩具吗？"

客户说："是的，我也不知道该买什么样的，现在的小孩真是难伺候极了。"不经意的回答，尤其是最后一句，让销售员的心里顿时兴奋起来，马上就接着客户的话题说："是呀，尤其是10岁以前的小男孩，好像什么都满足不了他，当爸爸的可真是费脑筋呢！"

"太对了！我觉得爸爸是世界上最累心的角色了！"男士好像一下子找到情绪的发泄口，抬起头，跟销售员聊起他8岁的儿子，说他是多么的调皮，买的十几个五颜六色的气球，一会就扎破，给他买画册，也全给撕坏了，不管什么玩具，都玩不了几天，特别淘气。"

销售员听到这里，顺势拿起一款玩具飞碟，向他推荐说："以我多年跟小孩打交道的经验看，这种飞碟一定适合您的孩子。"

他一边说，一边打开玩具飞碟的开关，拿起遥控器，熟练地操纵着，强化着自己的语气："这种玩具飞碟，玩起来特别有趣，不像气球或画册，看两眼就没意思了。您的孩子很聪明，对新鲜玩具肯定是一学就会，所以，这种操纵较为复杂的飞碟，他一定能够长时间喜欢的，这样您就不必为了寻找更新更好的玩具而费心了。而且，还可以从小培养他强烈的领导意识呢！"

介绍产品的时间用了两三分钟，言简意赅，符合这位男士的期待心理。果然，客户马上就问："多少钱？"销售员说："100元，赠送两个遥控器。"男士皱了皱眉头，犹豫地说："太贵了！"

销售员用亲和与理解的口吻，笑着说："的确，现在市场上很多同类的玩具都太贵了，在一些店里，这款玩具卖到了150元呢！孩子的玩心足，做爸爸很费心呀！每年在玩具方面的花费，就是一笔不小的数目！这样吧，价格给您降到90元，您看可以吗？"

看到销售员这么善解人意，男士爽快地答应了，买了一套玩具飞碟。在即将出门时，他转身回来，又购买了两辆遥控小汽车，留下了电话号码，并且对销售员说："谢谢你的建议，我今后一定多给他找一些耐玩且益智类的玩具，希望你也帮我留意一下，有新的玩具到货时，及时给我打电话。"

销售员认真地记下客户的电话，递上了自己的名片，最后又特意叮嘱客户："现在市场上很多玩具质量都不好，如果您从本店购买的玩具发现了质量问题，三天之内可以凭借发票无条件更换、退货。"

这位客户是缺乏耐心的爸爸，因为孩子对玩具喜新厌旧，让他不胜烦恼。销售员巧妙地抓住了他这一心理，站在他的立场上，用替他解决问题的方式，向他推荐本店合适的产品。客户此时也许已对玩具有了逆反心理，站在玩具店里不知道该买什么好，突然听到销售员这体贴入微的话，大有同感，自然就产生了认同心理。

接下来，就是推荐产品的绝佳时机了。而且，在介绍产品的过程中，销售员时刻站在客户的角度，提醒他注意产品质量，替他说出心中的牢骚。当客户对价格不太满意时，他首先做的不是为自己产品的价格辩解，而是主动降价，并借机暗示市场上的同类产品价格极高，掌握了销售的主动权。

如何说客户才会听

说话时投其所好，沿着客户的思路对他循循善诱，对销售产品非常有益。根据客户的口吻和说话的习惯，用心揣摩客户说话时的心情、神态，同时调整自己，用客户说话的方式和他交流，更容易打动他的心。

随声附和，客户点头

在销售员同客户的交流过程中，附和对方起着举足轻重的作用，是与客户的黏合剂。因为附和就意味着同意对方的观点，这种在心理学上称为"承认"。当你承认对方的观点是正确的时候，那么在对方的心里就会对你产生一种认同感，从而拉近双方的距离。

约翰在没有研究人类关系学之前，他损失了无数应该获得的佣金。约翰是一家服装图样设计公司的销售员，他几乎每星期都去找纽约某位著名的设计师，这样做已经有3年的时间了。然而，每次这位设计师不但不拒绝见约翰，而且还总是把约翰带去的图案仔细看一遍，但就是不买。

经过了150次的失败后，约翰觉得自己必是过于墨守成规了。所以他决定每星期利用一个晚上的时间，去研究一下人际关系的法则，以帮助自己获得一些新的思想，产生新的热诚。

不久，他决定采用一种新方法。他拿了几张那些设计师们尚未完成的图样，走进那位设计师的办公室。这次，他并没有像往常那样请求他购买这些图案，而是请求设计师提出自己的意见，然后把它完成。设计师把草图留了下来，让约翰3天后去找他。

3天后，约翰又去他那里，听了建议后，把图样拿回去，按照他的意思画完。这笔交易结果如何？不用说这位买主完全接受了。

那是9个月以前的事，自从那笔生意完成后，这位设计师又订了10张图样，都完全是照着他的意思画的，约翰就这样赚了1600多美元的佣金。

约翰过去失败的原因——总是强迫设计师买他认为对方需要的图样。可是现在约翰所做的，跟过去完全不一样了。约翰请设计师提出他自己的意见，使设计师觉得那些图样是自己设计的。现在约翰不用去求他买，他自己也会来向约翰买。

遵照设计师的意见办事，别人怎么说就怎么做，这也是一种实现销售目的的手段。听从他人的意见，无形当中就制造了"你很好，你的意见都是对的。你说什么我随声附和就是了"的效果。仔细领会一下，你就会发现，在使用这样的方法时，被附和的一方总会产生被尊重、被崇拜的感觉，在附和的同时，自己得到了对方的认同，最后达到了自己的目的。

老王自从政以来官运亨通，一步步青云直上。很多人对此感到奇怪，因为老王从政这么多年来，并没有作出什么令人瞩目的成就，也没有为广大百姓谋得多少福利，更没有见他有哪个能人当后台，他是怎样一步步地走到今天的位置上的呢？

原来老王的成功之道就在于他除了干好本职工作，还擅长随声附和，人称"好好先生"。哪个领导发言，老王肯定一连三声"好、好、好"；哪个领导提出意见，老王肯定也是"好、好、好"。谁会不喜欢赞同自己观点的人呢？只有赞同自己的观点，才意味着赞同了自己这个人，因此，几乎所有的上级视察都喜欢让老王陪同，久而久之，老王也依靠踏实工作和这几句"好、好、好"成了各位领导的红人，升官晋爵就成了理所当然的事了。

将这个道理应用到销售方面，也能收到异曲同工的效果。例如，如果客户说："这件衣服的颜色很特别。"聪明的销售员应该说："对对对，你的眼光真是不错,今年就流行这种颜色。"这时,客户就会心里喜滋滋的,因为自己的观点得到了认同,同时自己又被认为是"比较有眼光的人",也就不太可能放下一件"有眼光的人"认为"比较好"的衣服了。

不少人说自己对人云亦云很反感,愿意接受批评。一旦你信以为真,毫不客气地批评他,他表面上虽然不一定有所表示,但内心多半是不高兴的。实际上,真正能做到"人告之以有过则喜"的人,是很少的。在现实生活中,多数人爱听附和的话。你附和别人的观点,如果恰到好处,他肯定会高兴,并对你有好感。

如何说客户才会听
适当地运用附和的方法,投客户所好,可以收到意想不到的效果。

你关心客户,客户才关心产品

在向客户销售产品的过程中,客户对产品所提出的反对意见总是包含有一些主观意愿在里面。当面对客户的这种疑问时,销售员如果能够对客户表现出一定的认同心,那么就能让客户感觉到你能够理解他、关心他,是在为他着想,从而顺利地赢得客户的信任,让客户听你的话。

通常情况下,销售员可以用以下几种方法来表达对客户的认同心。

1. 对客户的感受表示理解与接受

在向客户推荐产品的过程中,如果销售员能够充分尊重客户的意见,并发自内心地说一些表示同情和理解的话,就会解除客户的戒备心理,并增加对你的好感。这样,当你再进一步向客户进行解释时,他也会更容易接受你的意见和观点,从而有利于销售工作的顺利进行。

例如:

"李总，我同意您关于成本优先的看法。"

"李总，您这样做绝对是正确的。"

"李总，您有这样的想法真的是太好了。"

"李总，如果我遇到这样的事情，我也会这样想。"

"李总，尽可能地降低成本，这对任何一个企业都是非常重要的。"

"李总，我以前的客户也认为成本很重要。"

"李总，我理解您现在的感受，以前我也曾经遇到过。"

客户："这款照相机的操作太烦琐了，用起来不太方便。"

销售员："是的，很多客户在购买时都曾反映过这个问题。这款专业性的高级照相机的操作方法是稍微复杂了一点，不过，只要掌握了使用方法，用起来还是很方便的，而且拍照效果非常好，那些用过这款相机的客户对它的评价都很高。"

2. 向客户强调相关问题的严重性

一位寿险销售员，在他费尽口舌向客户灌输了种种寿险观念与投保的必要性后，那位客户却说："保险的确非常重要，也值得购买，但我目前比较忙，等到年底再说吧。"

这时，这位寿险销售员给客户讲了这样一个真实的故事：

"先生，您的确很忙，有很多重要的事情需要您去办理。但是意外是不等人的，它随时都有可能发生。先生，有一件事谈起来真是不好意思，在我心中一直都存有一种内疚感。

"三年前，当我刚踏进保险这个行业时，我首先想到的是把保险介绍给我最好的一位朋友，可不巧，那年他公司刚开业，事情特别多，根本没有时间来考虑保险的事。我当时想，他是我的朋友，有的是机会，以后再找他签吧，也没有再坚持要他立即投保，只是把合同留在他家中。

"谁知，几个月后的一天，他太太突然打电话告诉我，他患了晚期肝癌，生命只剩下了最后几个月。他太太几乎伤心欲绝，我也只能去尽量安慰她。他太太接着问：'我曾记得你到我家，向我先生介绍过保险。我们现在看病

已经借了很多外债，那我能拿到多少赔偿来偿还这些医疗债务呢？'

"听到这句话后，我头脑一阵晕眩，不知该怎么回答，我这时候才想起他还没有买保险，但这正是他需要的时候。此时，我才深深感到对不起我的朋友，对不起朋友的太太，在他们最需要保险的时候，竟然得不到丝毫保障。

"当时只是由于他是我要好的朋友，就没有要求他马上签字，只是想等他空闲的时候再来请他购买，但是，此事能等待吗？我感到非常难过。

"第二天早上，我带着个人的存款5 000元人民币到医院去看望他，但我的内心依然沉重。因为，我本来可以送上远大于这个数目的赔偿金额，可由于我的'失职'，导致他的家人没有得到应有的保障。

"此事给我带来了沉痛的教训，也让我深深体会到了个人力量的有限。从那以后，我就下决心，一定要把保障带给我所接触到的每一个人。"

毫无疑问，那位先生最后被这个故事深深地打动了，便毫不犹豫地在保单上签下了自己的名字。

如何说客户才会听

销售员与客户之间不仅是简单的买卖关系，更重要的是一种心灵和情感的交流。向客户表示你的认同心，让对方感受到自己是受重视的，可以调动对方积极的情绪，使彼此之间更加容易沟通。

用客户说话的方式说话

销售精英弗兰克·罗塞尔打电话给他的客户说："您好，杰克先生，现在我要为您提供一项服务，这是其他人无法替您设想的。"

"究竟是什么服务？"客户不解地问。

"我可以为您供应一货车石油。"

"我不需要。"

"为什么?"

"因为我没有地方可以放啊!"

"杰克先生,如果我是您的兄弟,我会迫不及待地告诉您一句话。"

"什么话?"

"货源马上便会很紧缺,那时您将无法买到所需要的油料,价钱也将上涨,我建议您现在买下这些石油。"

"我现在用不上,而且我真的没地方可以放。"

"为什么不现在租一个仓库呢?"

"还是算了吧,谢谢你的好意。"

不一会儿,当罗塞尔回到办公室时,看到办公桌上放着助手记录的一张留言条,上边写道:杰克先生让您回电话。

罗塞尔拨通了杰克的电话,就听见杰克在电话那头说:"我已经租好了一个旧车库,能存放石油,请将石油送过来吧!"

当销售员能够为客户提供有价值的信息时,客户就会为销售员着想。无论何时,要获得对方的认同,就要先为对方着想,关心对方的利益,只有如此,销售员和客户才能成为最佳的合作伙伴,获得利润上的双赢。

王平曾经拜访一位退役军人,军人有军人的脾气,说一不二,刚正而固执。讲再多也是白费口舌。所以,王平直截了当地对他说:"保险是生活不可缺少的保障。"

"年轻人的确需要保险,我就不同了,不但老了,还没子女,所以不需要投保。"

"您这种观念有偏差,就是因为您没有子女,我才热心地劝您参加保险。"

"道理何在呢?"军人用刚正的语气反问。

"没有什么特别的理由。"

王平的答复出乎军人的意料,他露出诧异的神情。

"哼,要是你能说出令我信服的理由,我就投保。"

王平故意压低音调说:"我常听人说,一个男人,没有子女承欢膝下,并非是一生最大的遗憾。如果不善待陪伴自己一生的妻子,才可谓是人生的遗憾。您说对吗?"

王平接着说:"如果有儿女的话,即使丈夫去世,儿女还能安慰伤心的母亲,尽抚养的责任。一个没有儿女的妇人,一旦丈夫去世,留给她的恐怕只有不安与忧愁。您觉得没有子女所以不用投保,如果您有个万一,请问尊夫人怎么办?您赞成年轻人投保,还是无子女的老夫妇投保呢?当然,寡妇有再嫁的机会,您的情形就不同喽。"军人默不作声,一会儿说:"您讲得有道理,好!我投保。"

站在客户的立场,多为客户考虑,定能找到使对方信服的方法。

如何说客户才会听

用客户说话的方式说话,就是学会跟客户交朋友,处处为他着想,理解他的心声。让客户觉得,你不仅是个销售员,还是一位愿意为他分担烦恼、解决问题的知心朋友!

第五章
一个问题问出客户真心话

少陈述，多提问

销售大师布莱恩·崔西说过："销售专业中最重要的字就是'问'。"在销售中，陈述是很容易引起逆反作用的，这是因为大多数的陈述通常有一个明确的观点立场，而因为人们都想表现自我，就很容易被人抓住提出反对意见。例如，"这个蓝色的盆很漂亮！"这一陈述就容易被持有其他观点的人反对。他们很可能会说："我觉得红色的盆好看，很喜庆。"或者说："我觉得绿色的盆好，让人能感觉到春天！"

当销售员对客户说"下周我们可以对你们的应用系统做一个检测"时，客户可能会简单地答道："没必要，我们的应用系统很好。"

事实上，作出陈述而一点儿不被人反驳、澄清、利用或当作自我辩解的理由是不太可能的。要知道，你的观点越明确，就越容易使对方产生逆反作用。

客户一般都不愿意听到销售员长篇大论的陈述，因为他们不希望自己处于被推动、说服的地位或者让人感觉到自己没有主见。

那么用什么办法来解决这个问题呢？很简单，就是少陈述多提问。提问一般不会引起逆反作用。提问题时，你的观点不明确，不容易使对方产生防备，从而引起逆反心理。因为他没有必要对一个问题表示不同意。如果我们把上文那个陈述变成提问，就可以避免逆反性的回答。我们可以这么问，"这个蓝色的盆怎么样？"在销售中，提问题正好满足了人们想要参与讨论的心理需求。

月饼销售员小王，到一个单位去销售月饼，当时距离中秋节有 20 天。小王四处打听找到了李科长。这是他们的一段对话：

小王："李科长，我是××公司的销售员，请问你们单位需要订购月饼么？"

李科长："哦，这事不归我管。"

小王："李科长，如果您是负责人，您会购买我们的产品么？"

李科长："您真会逼人啊！不过说实话，你们的月饼还不错，厂家很有名气！"

小王："谢谢您。那您能帮我联系到负责人么？或者能否帮我引见一下？"

李科长："这样吧，你去二楼的第一个房间找一下采购部的张部长，他管理这个事情。好像单位还没有订购月饼呢。"

小王："那太好了，谢谢您！"

以上案例中销售员小王通过提问，一步一步引导客户说出他想得到的信息，达到了目的。如果小王不是采取询问的方式，而是长篇大论地介绍自己的公司以及公司的产品，很有可能会被拒之门外了。作为销售员，一定要懂得利用提问来达到目的，得到自己想要的信息。因为提问而不做陈述能增加客户的参与意识，容易使客户与销售人员达成共识，帮助销售员降低销售风险性。

为了尽量减少逆反作用的发生，最重要的就是销售员要学会少提问题多做陈述。

就拿广告公司来说吧，对策划师来说，把握客户需求，是成功策划的最关键因素。只有把握了客户的需求，才能有针对性地提出或指导团队提出解决方案。特别在广告中逢高必比的今天，谁把握好了客户的需求，谁就有可能在比较中胜出，而把握失误的广告或策划公司，则会因判断失误而导致方向性错误，调研、文案、设计部门的功夫白费不说，留下的是更多的遗憾。那么，怎么才能准确把握客户需求呢？就要通过提问占据尽可能多的信息。如果能问出客户目前预算，则是相当关键的问题，客户在问及这个敏感的问题时，一般都避而不答，或者说是看我们的策划方案而定。如果遇到这种情况，你不妨问一下预算的范围，让我们的策划更具有可参照性。这种情况，你往往要有一个比较满意的答复。因为客户除了比较之外，更多的是想获得一个较好的策划案，而不会太介意资料的保密。

善用提问"导"出无声需求，客户的需求你了解得越多，向客户成功销售的可能性就越大。客户的需求总是分为两组，一组是有声需求；另一组是无声需求。我们很容易满足客户的有声需求，却很难把握客户的无声需求。了解客户无声需求的最好方法就是提问。

如何说客户才会听

提问是了解客户最直接最有效的方式。通过提问，你可以获得你想要的信息，了解客户的真正需求，提供他所需要的服务。在销售中，应当做到少陈述，多提问。

如何问客户才愿意听

毫无疑问，提问是销售中必不可少的沟通方式。那么，到底该怎样向客户提问呢？

以下10种最易成交的提问技巧，在销售中最为常见有效。

1. 主动式提问

主动式提问是指销售员通过自己的判断将自己想要表达的主要意思用提问的方式说出来。一般情况下，对这些问题客户都会给予一个明确的答复。

例如，有一家洗发水公司的销售员问："现在的洗发水不但要洗得干净，而且还要有一定的护发功能才行，是吧？"客户回答："是的。"销售员又问："为了能够护发养发就要合理地利用各种天然药物的作用，在洗发的同时做到护发养发，这种具有多种功能的洗发水您愿意用吗？"客户答："愿意。"

当然，销售员接着就可以问他想要知道的问题："这种含有药物的洗发水含有一种淡淡的药物香味，你喜欢吗？"如果客户说他不太喜欢，那么"症结"就找到了。

2. 反射性提问

反射性提问被称为重复性提问，也就是以问话的形式重复客户的语言或观点。

例如："你是说你对我们所提供的服务不太满意？""你的意思是，由于机器出了问题，给你们造成了很大的损失，是吗？""也就是说，先付50%，另外50%货款要等验货后再付，对吗？"

这类问题的好处在于：第一，它具有检验的作用，即能够用来检验销售员是否真正理解了客户的观点。如果理解有误，客户就会当场指出；第二，是鼓励客户以合乎逻辑的方式继续表明观点；第三，它还可以使销售员对客户的言谈作出适当的反应，可以避免直接向对方表示肯定或否定；第四，这类问题还可以用来减弱客户的气愤、厌烦等情绪化行为。销售员以问话形式重复客户的抱怨，让客户感到他们的意见已受到重视，其抵触性情绪也就会减弱。

3. 指向性提问

指向性提问通常是以谁、什么、何处、为什么等为疑问词，主要用来向客户了解一些基本事实和情况，为后面的说服工作寻找突破口。例如："你们目前在哪里购买零部件？""谁在使用复印机？""你们的利润制度是怎样的？"等等。

这类问题的提问目的十分清楚，也比较容易作出回答。通常用来了解一些简单的、宜于公开的信息，不适用来了解个人情况及较深层次的信息。

需要注意的是，在使用这类问题时要表现出对客户的关心，语气不可太生硬。

4. 评价性提问

评价性提问是用来向客户了解对某一问题的看法，而且这类问题一般都没有固定的答案。

例如："你觉得小型轿车怎么样？""你认为租与买哪个更合算？""要是增加一些零件存货会怎么样？"等等。

评价性提问通常用于指向性问题之后，用来进一步挖掘相关的信息。在很多情况下，客户很可能不愿意对某个问题发表意见。这时，销售员就应该使用间接评价性的问题。间接评价性问题要求客户对第三者的观点作出评价。如："有报道说，××牌电梯在消费者中信誉很高，你认为它在客户中受欢迎吗？"

5. 细节性提问

细节性提问的作用是为了促使客户进一步表明观点、说明情况。但与其他提问方式不同的是，细节性问题直接向客户提出请求，请其说明细节性问题。

例如："请你举例说明你的想法？""请告诉我更详细的情况，好吗？"

6. 损害性提问

损害性提问是要求客户说出目前所使用的产品存在哪些问题，最后再说服客户来使用你的产品。

例如，一位复印机销售员问潜在客户："听说你们现在使用的这种复印机复印效果不太好，字迹常常模糊，是吗？"

显然，这类问题极具攻击性，如果使用不当，也会引起客户的反感。所以，在提出这类问题的时候，一定要注意用词和语气的委婉，并要考虑客户的承受能力。

7. 结论性提问

结论性提问是根据客户的观点或存在的问题，推导出相应的结论或指出问题的后果，诱发出客户对产品的需求。这类提问通常使用在评价性问题和损害性问题之后。

例如，复印机销售员在客户对损害性问题肯定之后，可以接着使用结论性问题："用这样的复印机复印广告宣传材料，会不会影响宣传效果？"

8. 选择式提问

销售员应该将产品可能引起的异议进行分类，让客户自己从中选择一个或几个。

例如，销售员可以问客户："你好，我们的产品有哪些问题让您觉得不太符合你的需要呢？是样式、体积、重量还是口味……"

9. 建议式提问

销售员应该主动对客户提出购买相关产品可以获得的相关利益，并给出一些良好的建议，以刺激客户的购买欲望。

比如，童车销售员就可以这样问他的客户："请问您买这辆小车是给几个月的婴儿睡觉用还是给一两岁的婴儿坐着用？"或是问："您买这辆车是愿意让小孩骑三轮稳定些，还是要让他练习一下骑两轮单车的技巧？"短短的一个问题既赢得了客户的信任和认同，又巧妙地说出了该产品的多种功用，从而给客户留下了良好而又深刻的印象。

10. 请教式提问

一家大公司的销售员到一所学校里去销售计算机，他问学校教师："现在学校都搞现代化教学，都配备了计算机，是吗？"

教师："是的。"

接着销售员可以顺理成章地销售他的计算机了。

如何说客户才会听

掌握提问的方式，灵活运用，问对问题，找到答案，就没有打不开的客户心门，攻不破的销售难关。

能否向您请教一个问题

真诚地请教对方光辉的业绩、优秀的才能、独有的专长，往往是一把成功打开交际大门的钥匙。因为在某种程度上，请教就意味着赞美和承认。

通常人们都会向比自己高明的人请教，换句话说，当你向别人请教问题的时候，就相当于在心理上认同被请教对象为一个比较高明的人物，或者是一个专业人士。这样做会产生什么效果呢？先来看一个例子。

长岛的一位汽车商人，利用请教的技巧，把一辆二手汽车成功地卖给了一位苏格兰人。

这位商人带着那位"苏格兰佬"看过一辆又一辆的车子，但苏格兰人总是不满意：这不适合，那不好用，价格又太高。在这种情况下，他就停止向那位"苏格兰佬"销售，而让他自己购买。几天之后，当有位客户跟这位商人说希望用他的旧车换一辆新的时，这位商人就又打电话给"苏格兰佬"，请他过来帮个忙，提供一点建议，他知道有一部旧车子对"苏格兰佬"可能很有吸引力。

"苏格兰佬"来了之后，汽车商人说："你是个很精明的买主，你懂得车子的价值。能不能请你看看这部车子，别人应该出价多少才合算？"

"苏格兰佬"的脸上泛起笑容，很高兴地把车开了一圈又转回来。"如果别人能以三百美元买下这部车子，"他建议说，"那他就买对了。"

"如果我以这个价钱把它卖给你，你是否愿意买它？"这位商人问道。果然事情出奇的顺利，这笔生意立刻成交了。

请教相当于赞美，它赞美他人的能力、知识等高人一筹，这种方法运用起来很简单，效果却是非常好的。

一位X光机器制造商利用这种心理战术，把他的设备卖给了布鲁克林一家最大的医院。那家医院正在扩建，准备成立全美国最好的X光科。一位大夫负责X光科，销售员整天包围着他，他们一味地歌颂、赞美他们自己的机器设备。

然而，这一位制造商却更具技巧。他对见到的大夫是这样说的：

"我们的工厂最近完成了一套新的 X 光设备。这批机器的第一部分刚刚运到我们的办公室。它们并非十全十美，我们想改进它们。您是这方面的专家，我能否请您帮个忙，请您抽空来看看它们并提出你的宝贵意见，使它们有较为完善的改进？如果可以，我们将深为感激。我知道你十分忙碌，我会在你指定的任何时间，派我的车子去接你。"

"听你这么说，我既觉得惊讶又觉得受到很大的恭维。以前从没有任何一位 X 光制造商向我请教。这使我觉得自己很重要。这个星期，我每天晚上都很忙，但是我还是决定推掉今天的晚餐约会，以便去看看那套设备。"大夫说完便随这位制造商去看设备。大夫看得愈仔细，愈发觉自己十分喜欢它，最后大夫为医院买下了那套设备。

在销售过程中，请教也能起到拉近人与人之间关系的作用。你能想象一下请教问题时的姿势吗？微微低着头，双手恭敬地将自己想知道答案的问题呈给对方。这是怎样的一种表达尊敬的姿势！还会有谁不接受这样的恭敬呢？

请教的主要表现形式就是向对方求助或征求意见。

你还可以问对方："你认为如何？""我该怎么办？"这是属于一种间接的称赞。你或许认为他不能达到和直接称赞相同的效果，但是，如果你能运用得当，它绝对能够产生比直接称赞更好的效果。

每个人都渴望别人的重视与欣赏，只是很多人把这种需要隐藏在内心深处罢了。因此，只要你说"能否向您请教一个问题？"几乎百试不败，没人会拒绝你的。

如何说客户才会听

采用向客户请教的方法，极大地满足了客户自尊的心理需求，赢得了他的好感，从而销售了产品。

请问您喜欢什么

利用"您喜欢什么"来提问客户,这样他们给你的响应就会比纯粹回答"是"或"否"提供更多的资料。

如果你能够提供可以协助客户作出最佳选择的资料,他们将会购买你的产品和服务。

娜娜是一间书店的销售员,她知道若要清楚客户的需求,唯一的途径就是直接向他们提问。

娜娜:"你今天想为自己买书,还是想选购礼物送给别人呢?"

客户:"我正想买一份礼物送给妈妈。"

娜娜:"你妈妈对历史或文艺有兴趣吗,她可有什么爱好?"

客户:"喔,她算是一位电影迷。但是,我相信她已经有很多这方面的书籍了。我猜妈妈热衷的其他东西就是她的孙儿和烹饪。"

娜娜:"一本新的烹饪书怎么样?"

客户:"我不知道……她正在减肥。"

娜娜:"我有个主意,有本刚出版的烹饪书收集了电影明星和其他名人所提供的低脂肪食谱和保健方法。你妈妈可以一方面尝尝新食谱,另一方面保持她的减肥计划,同时也可以认识多一些她有兴趣的人物。这本就是……"

客户:"好主意!她会喜欢那些图片的。你们有礼品包装服务吗?"

这位销售员最终能够在特性和好处之间找出完美配合,全因她在提问中了解了客户的喜好,并且为客户找出了最恰当的物品。

如果是在实体店内的销售点,很多时候,店里的产品放得不是很多,客户会说:"东西有点少,没什么好买的。"作为销售员你该如何回答呢?

如果你说:"新货过两天才到"或是"已经卖得差不多了"等于在向客户传达我们现在的产品确实很少,没什么好选的,那么客户肯定会转向别的店铺。

如果你回答："怎么会少呢？不是已经很多了吗？"给客户的感觉就是你不诚实，这样客户会不愿意在你这里购买。

如果你回答："这么多东西，你买得完吗？"这很有可能会导致客户与你大吵一架！

做生意和气生财，如果你在口头上大胜而归，你的业绩总会一落千丈的。销售中会遇到各种客户，他们会提出各种各样的问题，作为销售员，就要看你如何适当地去应付这些问题。如果应付得当，就会给你带来财富。回答客户的问题，首先要给对方足够的面子，如果你让客户丢掉面子，你即使再有道理，客户也不会买你的账。

作为销售员，回答这样的问题，你大可以这样说："是的，您很细心，我们店里放的产品确实不多，不过每一件都是我们老板精挑细选的，里面应该有您喜欢的东西，请问您喜欢什么款式和颜色？我可以帮您推荐一下。"

这样真诚认可客户的说法，然后简单地说明道理，也不会引起客户的抵触心理。在劝说其对产品进行选择以后，方可以进行下一步的行动。

如何说客户才会听

客户喜欢什么样的产品，一般是不会轻易表露的，如果你问他"请问您喜欢什么"，十有八九会套出客户的真实喜好来。

您难道不……

在说服中运用一定的语言诱导是很重要的，但是，运用语言诱导的时候，必须强调话语的合适性，确保使用的语言能够达到一定的说服效果。

运用"您难道不……"用这样的诱导性问题来激发客户的需求，是比较有效的手段。

在说服的过程中，应该正确地使用引导语，以使说服取得理想的效果。同时，语言诱导不可滥用，一定要恰到好处。

1. 要有目的地进行语言诱导

在进行语言暗示的时候，必须有一个明确的目的，要有一个所要实现的目标作为指引，不能任意去发挥语言，而必须让说服过程中所有的语言指向要完成的心愿。例如，你要说服客户购买你的产品进行减肥，在设计以减肥为目的的广告语时，必须围绕着减肥进行。你可以暗示客户说："您难道不想越来越苗条吗？您难道不想实现自己一直想要的体重吗？"这样的提问，无疑具有很大的诱惑性！更加能够激起客户的购买欲望。

要想实现诱惑的特有效果，必须将客户想要达到的目标表述清楚，设计出具有说服力的问题，使得语言具有目的性和针对性。

2. 语气一定要带有诱惑性

同样的语言，在一流的销售员口中会带给人强大的暗示和指引，而让普通人讲出来却显得毫无价值，这是因为前者在说话的过程中，使用了一定的技巧。销售员的目的在于引导客户进入说服中，并且可以毫无防备地接受销售员所施加给他的各种语言暗示，因此如何让这些有价值的引导语言完全地进入人的意识中，就需要一定的专业经验的积累。

如果在说服中依然使用和平常一样的腔调，甚至依然采用命令性的语气，可能会丧失客户的信任和好感。语气要轻柔且让人感觉到像是一种来自遥远之处的引导指令，让人们可以在毫无防备的情景下自然地接受这些指令。

3. 诱导用词要具有适当性

在诱导进入说服的过程中，要注意运用合适的时间词，要让这些代表时间的词或短语引起人们的注意。如："在作出决定之前，您难道不想感受一下它的功效吗？"这句话将人的注意力引导到是否要感受产品功效上，而且还假设他会试用这件产品："在你完成这项计划前，您难道不想找一种最方便与快捷的方法么？"这句话假设了对方将会完成这项计划。这些合适的时间词会让人产生不一样的理解力。如："您难道不想快速作出决定吗？"暗示了对方一定会作出决定;"您难道不想更进一步合作?"暗示了对方已经处在合作状态,同时还要继续合作下去。

也许,在我们试图说服客户的时候,说了一大堆的好话都没起作用,而一句一针见血、抓住要害的简单话"您难道不……",则可能收获难以预想的效果,其原因就在于其可以带来人们不一般的体验,引起人们心灵上的共鸣。

如何说客户才会听

提问不是简单地把话说出来就完事了,需要有一定的技巧,以使简单的提问收到更加有效的影,"您难道不……"就是这样一种的有效的提问。

您觉得它什么地方不好

一天上午,一个客户进了一家服装专卖店,看了很多服装,于是就说:"你们的产品怎么这么奇怪啊,不太符合我的品位!"

销售员说道:"每个人的欣赏角度都不一样,很多客户还非常喜欢它呢!都是我们店的老客户。"

客户听后非常生气,就与销售员吵了起来。

其实这是一场不必要的争吵。关键是看销售员如何应付客户这样的言语。客户能够这样说,一定是有他的理由,如果你不找出原因,你就永远不可能说服客户。面对客户这样的看法,销售员应该有针对性地进行说明,或询问客户为何会有这样的感觉,了解客户的消费习惯,并且可以劝服客户改变一下自己的购买风格。

销售员可以这样说:"我们的品牌就是有自己的个性,都是专门的设计师设计的。很多客户正是因为喜欢这种风格,才经常来光顾。可能是您还不习惯这样的产品，不过我愿意听一听，您觉得它有什么地方不对？我也好向公司反映一下情况。"

这种以请教的口吻真诚地询问客户的想法，想必没有人不愿意回答的。

如果客户因为某些原因不好说出来，也可以引导其说出来。

首先承认自己产品的独特性，其次再说出很多客户正是因为喜欢这样的风格才会购买，最后再询问客户为何会有这样的感觉。

如果客户的问题不大，到最后可以试着劝说客户改变一下购物的风格，这样就会避免一场不必要的争论，很有可能还会赢得一位客户。

如何说客户才会听

客户如果认为你销售的产品不合他的品位，首先要做到克制自己，不与客户争辩，然后向客户询问"您觉得它什么地方不好"，再根据客户的回答，耐心解释，打消客户的疑虑。

能不能给我说一下方法

一位橡胶厂的销售经理，听说本市的一家同行企业上了两条生产畅销美国的乳胶手套的流水线。他很想就这两套设备的机械、技术方面的问题进行一番了解，因为他们厂也想上几条这样的流水线。

第一次，拜访兄弟企业的厂长时，他遭到了婉言谢绝："对不起，这套设备的制作图纸是花钱买来的，至于一些技术上的问题，还暂时保密。"

第二次，他又去了。那位厂长见他只隔两天又来了，不禁微皱了一下眉头，但还是请他坐在沙发上。

"听说你在TQC（全面质量管理TQM、QCC、FMEA）管理上是个专家，能不能问一下，这样的管理模式的特点在哪里？"销售经理说。

厂长显然很惊讶，说："是的，我搞TQC已有几年了，在省内算得上是搞得较早，但只是'笨鸟先飞'罢了，哪里谈得上什么专家。"他微露出宽慰的笑容。显然，之前他持有的戒备心理消失了。

"你能不能向我推荐一些这方面的专著和文章，使我也对TQC有所了解呢？"工程师恭敬地掏出了本子和笔，真心诚意地请他指教。那位厂长愉快地接过去，给他写了几个书名，并向他详尽介绍这几本书的特色和有关章节。

接下来，厂长又向销售经理具体介绍了许多他们厂进行全面质量管理的方法和措施，甚至讲到了他对决策和用人方面的一些做法和设想，他们越谈越投机。中途，厂长告诉秘书，请她将销售经理所需要的东西准备一下。

不知不觉已临近下班时间了。"我很高兴能认识你，希望你在有空的时候，到我家中小叙。"分手的时候厂长这样对销售经理说。

橡胶厂销售经理的经历很典型地说明了这一点：为了了解生产乳胶手套流水线的机械、技术方面的问题，他去拜访同行企业的厂长，第一次碰了钉子，第二次却获得了成功，就是因为他在第二次运用了请教的言语策略。他了解到这位厂长在TQC管理上是个专家，就毕恭毕敬地去请教对方在这方面的知识，表达了自己的仰慕之情，并让对方推荐一些专著和文章，使这位厂长自觉地意识到这是一种由同行认可的荣誉，心里一高兴，就畅谈起他自己进行全面质量管理的历程，两人遂成知音，达成了协议。

一个花匠去一位著名的法官家为他美化庄园。当他在干活的时候，那位法官跑出屋子来提出了不少好的建议，诸如希望在哪儿栽上一丛杜鹃花，等等。于是花匠说："法官先生，您的业余爱好可真不错哇！我一直很羡慕您那条漂亮的狗，我知道您在麦迪逊广场花园举行的家犬大奖赛中赢得了不少蓝彩带，不知道您是如何喂养它，把它培养得如此出色？应该是花了不少心血吧？"法官连忙说道："是啊，是啊，养狗的乐趣真是无穷啊。你是否愿意看一看我家的狗窝？"

法官花了将近一小时领花匠参观他养的狗，并把那些狗赢得的各种奖品拿给花匠看，他甚至还拿出狗的谱系材料，向花匠说明这些狗之所以这么漂亮是因为血缘的关系。

末了，法官问花匠："你有孩子吗？"当花匠回答"有"时，法官又问："他想要小狗吗？"花匠急切地答道："怎么不想，如果有了，他会开心死了。""好吧，我送他一只。"法官说道。

接着，法官又跟花匠讲了怎样给小狗喂食的问题，讲完后又热切地说："光给你讲你会忘了，我把它写出来吧。"于是，法官记下了狗的谱系和喂狗的方法。

法官最后送给了花匠一条值100美元的狗，在花匠身上花去了1小时又15分钟的时间，这一切都是因为花匠真诚地羡慕他的嗜好以及他取得的成就。

你是不是很羡慕那个花匠？其实花匠是花了很长一段时间来研究这位法官，因为他也很喜欢小狗，只是没有那么多的余钱去买。聪明的花匠在仔细地研究法官之后，又进行了仔细的分析，最后设计了上面的对话。"世上无难事，只怕有心人"，最后他成功了。

如何说客户才会听

"三人行必有我师。"客户都会有一些值得我们学习的地方，我们只需要通过仔细的研究，认真地把它挖掘出来，并真心地加以请教，就会赢得客户的好感，促进销售的成功。

关键要看是否适合您，对吗

对于一些季节变化较快的产品，比如衣服、鞋、包等更新较快，难免会随着款式的变化而产生库存的问题，公司一般都会为了处理库存而将上季度或者跨年的产品拿出来促销。有的公司因为设计、开发的原因，会将往年的款式拿出来重新包装后投放市场。经常购物的客户，很可能就会看出来。

面对客户的质问，销售员应该如何回答呢？

如果你说："我们的新货过两天就到了。"或者是："这些款式今年还是很流行的""是的，这是以前的货，就剩下这些了"，这样是无法吸引客户的注意力的，也不能积极引导客户成交，是一种非常消极的说法。

其实老款有老款的优点，虽然款式不流行，但是质量稳定，技术成熟，价格也实惠。作为销售员要学会从不同的角度寻找自己的产品卖点，把它转化为销售的亮点凸显给客户，引导客户成交。

如果客户说："这些都是以前的货了。"销售员不妨这样说："您真是好眼力，一眼就看出来了。不过不管是老款还是新款，关键是否适合您，是吗？"客户即使不说，在心里也会回答："说的倒是呢！"

这样的回答，先肯定客户的眼光，然后为过去的产品找一个非常有说服力的理由——不管是老款还是新款，关键是是否适合。

用提问的方式获得客户肯定的回答，最后销售员通过介绍产品的优点，同时引导客户体验，销售产品的可能性就会很大了。

如何说客户才会听

针对客户的疑问，用"关键要看是否适合您"这样的反问来回答客户，可以撇开客户的问题中心，让自己重新占据主动。

第六章
巧言妙语，说话中听客户才肯听

话为心声，话贵情真

有人说，心中有什么，话中就有什么。如果说话只是为了表达，那显然没有认识到说话的作用和它所能包含的内容。只有"话为心声"，才能"话贵情真"。

"客户是上帝"，说此话的人真可被称为智者。对于销售员来说，不管他们买的产品是多还是少，客户都是上帝。因此，对他们必须像对待自己最尊敬的人似的，尤其在语言和礼节方面，即使与客户交往得很密切或已成知己朋友了，也不要忘记这一条，这是一条必须铭记的细则。

从"您好"到"再见"，自始至终都要用明快的口气对待所有的客户。怀着鼓励对方的心情，发出有朝气的声音，要做到这两点并不难，无论是什么性格的销售员都能做到。

有诚意又热情洋溢地与对方说话，这在说话艺术中是最重要的。回答肯定的问题时要充满诚意地说一声"是"，愉快的声音传到对方的耳朵里，对方一定会受用的。

对于我们所熟知的新闻广播来说，播音员不带主观意识，不带感情，只是平实客观地述说，这是职业性质的要求，但销售员就不同了。一般来说，带感情说话是至关重要的。说话没有抑扬顿挫或不带感情时,听起来不但感到无聊乏味,而且使人觉得说话的人是一位性格冷酷的人。

有趣的话题使人听起来神清气爽;伤心的话题使人听起来直想落泪;恐惧的话题使人听起来毛骨悚然、浑身发抖,作为一位销售员,要学会这套本领,不说则已,说就要说得活灵活现的。

和客户交谈,不管是聊天还是商业谈判,都要有感情,这样才会有效果。不过,除非聊天,在一般情况下,尤其商业谈判时,必须抑制住自己或愤怒暴躁或悲伤激动的情绪。

如何说客户才会听

销售员能否说服对方,关键在于说话。而说话不仅仅在于表达,还要注意说话的方式,要让客户能够认可和接受你的说话。在与客户交谈时,每一句话都必须通情达理,这是发挥销售能力的重要时刻。

销售语言的措辞技巧

销售员在使用服务用语时,要充分尊重客户的人格和习惯,绝不能讲有损客户自尊心的话,这就要求我们注意运用语言的艺术。

1. 语言尽量谦虚婉转

谦谨语是谦虚、友善的语言,表现出充分地尊重对方,常用征询式、商量式的语气进行。委婉语用好听的、含蓄的、使人少受刺激的代词,代替所要禁忌的词语,用曲折的表达来提示双方都知道的但不愿点破的事物。

在销售员接待工作中,广泛应用谦谨语和委婉语是沟通与客户的思想感情,使交际活动顺利进行的途径。它既能使双方传达信息,同时又因为没有点破要表达的内容,所以一旦交往不顺利时便容易"下台阶"。如客户提了意见，销售员一时又难以给予准确的评价，便可说"您提的意见是值得考虑的，谢谢您了！""值得考虑。"这是委婉词语，它带有赞成的倾向，但没有直接表示赞同，也许在赞同中还有少许的保留。

又例如，客户提出的一些要求一时难以满足时，不妨说"您提出的要求是可以理解的，让我想想办法，一定尽力而为"。"可以理解"也是一种委婉语。在销售活动中，说要去上厕所是很不文雅的，这时可以说"我去一下洗手间"或"我出去一下"。谦谨和委婉的措辞人们更易于接受，这些语言销售员一定要学会使用。

2. 把话说得生动

销售员在与客户交流时，语言不可太呆板、太程序化，也不要过于机械地回答对方的问题，那样会让客户感觉很别扭。销售员应该认识到，生动风趣的语言有助于构建和谐的交谈氛围，能使气氛更融洽。一段生动风趣的对话，能令人轻松愉悦，同时又能在轻松的氛围中达成交易。

3. 选用委婉的否定措辞

当客户要求订货，而恰巧他要的那种型号没有了。有以下两种回答方法：

"由于需求旺盛，我们暂时没货了。"

"问题是那种型号的产品都卖完了。"

显然，前一种较为委婉的回答，比后一种回答效果要好得多。前一种不仅回答了客户的问题，而且还给自己的产品做了宣传：我们的产品都到了供不应求的地步了！

再来看下面的一些效果截然不同的措辞。

消极用语："我不能给您他的手机号码。"

积极用语："您是否向他本人询问他的手机号？"

消极用语："我不想给您错误的建议。"

积极用语："我想给您正确的建议。"

消极用语："您没有必要担心这次大修后又坏。"

积极用语："您这次大修后尽管放心使用！"

另外，在向客户介绍产品的时候，尽量不要用一些太深奥的名词，除非你是在和一个学者讨论一个学术上的问题，否则，满口新名词，即使用得准确，也是不大好的。除非非用不可，否则，听不懂的人将不知你在说什么，而且还会误以为你有意在他面前炫耀你的才学。

如何说客户才会听

每一个销售员都需要学习和研究销售语言，并在实践中努力提高自己的语言应变力，注意培养随机性和灵活性，以便适应沟通工作的需要。

含蓄比直言不讳更能打动客户

尽管我们也强调销售语言要具有针对性、客观性，但这并不等同于在任何情况下都必须直言不讳。在实际销售的过程中，销售员应该根据不同的情况，有效掌握并合理运用含蓄性的语言表达方式，这样会更有助于达到销售目的。

销售语言艺术的含蓄性，首先，表现在口头表达语言中，要做到有取有舍、有直有弯、有明示有暗示。其次，含蓄性还表现在行为语言上，许多行为语言均隐含着某种信息和情绪。

《人民日报》曾介绍过优秀营业员李盼盼，有一次，她在卖菜时发现有的客户在剥菜叶。李盼盼就和蔼地说："同志，请您当心一点，别把菜叶碰下来。"这"碰"字说得含蓄、凝重，使有意剥菜叶的客户，脸顿时泛红，手也不得不停下来。李盼盼把已发生的事说成须提防的事，把有意的"剥"说成无意的"碰"，这样一来，不仅很好地纠正了客户的错误，而且也保全了客户的面子，其语言运用得可谓独具匠心。

所以，销售员在面对客户时，一定要注意语言的含蓄与委婉，切记不要因自己过火的语言而伤了对方的感情。这也是赢得好感、维系与客户良好关系的一个纽带。在向客户销售时说话要"和气、文雅、谦逊",不讲粗话、脏话,不强词夺理,不恶语伤人。要多用敬辞、敬语,语气要亲切柔和,语句要委婉含蓄。这样才能缩短与客户的心理距离,使客户感到温暖与鼓舞,进而促成交易。

当然,说话委婉含蓄并不是要低三下四地乞求人家发慈悲,这样既丢人格,也不会达到好的效果。至于其中的度,则需要销售员在实践中不断去摸索、去锻炼、去掌握。

又如,北京市某路电车优秀售票员王桂荣,也非常懂得委婉用语的奥妙。有一次,一个男性乘客要下车,于是她请对方出示月票。那男子顿时慌张起来,看到这种情形,其他乘客有的指责,有的嘲笑,而王桂荣此时却温和地问道:"您是不是把月票忘在家里了?"听她这么一说,那男子顿时如释重负,立刻说:"对,对,我补票。"她给那男子补了票,又语重心长地说:"您下次可得注意啊!"那男子连连回答:"一定注意!一定注意!"语音里充满了感激与内疚之情。

可见,在与客户的沟通中,"维护对方的面子和自尊"是一个多么敏感而又重要的问题。许多销售专家指出,在与客户沟通的过程中,如果其中的一方感到失了面子,即使用最好的方法去补救,往往也会留下一些不尽如人意之处。

因为,当一个人的自尊受到威胁时,他就会全力保护自己,对外界充满警惕,甚至充满敌意。有的人进行针锋相对的反击,有的人采取躲避的策略,有的人则会变得十分冷漠和麻木不仁。这时,要想与他沟通、交往,就会变得十分困难。在这种情况下,要想再顺利地促成交易,那就会难上加难了。

如何说客户才会听

销售语言的含蓄性特征要求销售员在运用语言艺术时,要根据当时特定的环境与条件,委婉地向客户传递信息。

谨言慎语，掌握火候和分寸

有句话说得好："一句话能说得让人跳，一句话能说得惹人笑！"销售员在与客户交流的时候，也许说一百句，都不如在适当的时候，说上一句直击客户心理的话好。而这个恰当的时候就是说话的"火候"。

俗话说："言多必失。"意思就是说：如果一个人总是滔滔不绝地讲话，说得多了，话里自然会暴露出很多问题。作为销售员，尤其是新销售员，更要注意不要在客户面前不懂装懂，夸夸其谈。否则说得越多，客户越能看清楚你的底细。不妨学着谨言慎行，以免给自己招惹麻烦。

销售行业的成功人士在说话时都很会把握分寸，无论在什么场合都是说得很有分寸，该说的时候，说得恰到好处；不该说的时候，一句话也不说。

但是，在实践中有很多销售员急功近利，在和客户交流的时候滔滔不绝，结果，说错了话或说漏了嘴的情况经常出现，由此导致客户心里产生不踏实的感觉。

说话不仅要掌握火候，还要懂得掌握分寸，要认清自己的身份，适当考虑措辞，想一下哪些话该说，哪些话不该说，哪些话应该怎么说才能获得更好的交谈目的。

比如，有一位初学销售的年轻人在卖帽子时试图通过自己口出奇言来赢得客户的注意，不管对方是谁，劈头就说："老兄，瞧您这头发，稀稀拉拉的剩下几根，买一顶帽子戴上吧。"结果可想而知，他的销售失败了。这个例子告诉我们，说话前要仔细思考一番，要考虑好措辞，不要张嘴就说，且说得让人反感。

另外，说话不夸大其词，不断章取义，不花言巧语来骗取他人的信任。一定要让听者感觉到你的真诚、善意，尽量不要说刻薄挖苦别人或刺激伤害别人的话。

比如，有的销售员在介绍自己的时候，常常忘乎所以、得意忘形地自吹自擂，炫耀自己的出身、学识、财富、地位以及业绩和收入等。然而这样做的结果只能是造成双方的隔阂。要知道人与人之间，脑袋与脑袋是最近的，而口袋与口袋却是最远的；如果你一而再再而三地炫耀自己，对方就会感到你"高高在上"，从而对你"敬而远之"。

最后，说话还要注意方式，多用一些婉言表达。客户成千上万、千差万别，有各个阶层、各个方面的群体，他们的知识和见解都不尽相同。我们在与其沟通时，如果发现他在认识上有不妥的地方，也不要直截了当地当面指出。

如何说客户才会听

销售员一定要看交谈的对象，做到因人施语，要把握谈话的技巧、沟通的艺术，要委婉忠告。这样就可以免除怨怒，促进尊重，使人与人之间充满友好和谐的气氛。

话有三说，巧说为妙

"话有三说，巧说为妙。"何谓巧说？就是说话人在说话时，要因时因地因人制宜地说到点子上。懂得"巧说"的人也就是懂得看火候说话的人。

销售大师布莱恩·崔西的一次"巧说"，让他赢得了客户。

有一天，布莱恩·崔西路过一家店铺时，看见一个年轻人正坐在里面的一张老板椅上看着一本叫《富爸爸穷爸爸》的书。崔西走进去说："嘿！你也在看这本当今市面上最畅销的热门书呀！我也很爱看这本书。"

"这本书写得太棒了，简直就是一本大学教材，社会大学的大学教材。我没有上过大学，但我个人认为，社会大学通常要比课本上学到的东西多得多。"

"对，你说得很对，这本书里面的富爸爸提倡的就是这种观念。一个人具备什么样的心态和智慧，决定了他有什么水平的认识。从刚才你说出来的话，我可以判断得出来，你对这本书不光是读一读那么简单，应该研究得很彻底了吧？"

"哈哈，我这个人天生不爱上学，就爱看看课外书。"

"但是，你具备读书的天赋呀，只是可能你身边有一些长辈，如你的老师或者父母，观念可能一时跟不上，没有赞同你。我感觉你很会运用知识。你看，你这么年轻就开了一家如此精致的店，以后你的店面一定还会不断扩大的。而且，如果你能结合你所在的领域，融入这本书的观念去做事，你一定会很了不起的。"

听了布莱恩·崔西对他的观点和认识逐一作出正面的引申赞美后，年轻人谈话兴致大增，不由得夸夸其谈、眉飞色舞起来，他开始大讲起他的理想和人生计划来，当然，最后他也接受了布莱恩·崔西介绍的好几套与成功、理财相关的书籍。

布莱恩·崔西懂得说话的艺术，在这位客户读性正浓的时候，他用热情洋溢的语言，对其给予了正面肯定，并且还恰当地提出了自己的见解，客户也充分肯定了自己的理想，双方愉快地交流了起来。

有人说："高尚的语言包含着真诚的动机。"所谓的巧妙话是含有一定技巧性的语言表达形式，同时，辅以情感、神态、动作、语调等的帮助，不包含虚伪、不脱离道德规范，包含着一种真诚动机的一种产品销售形式。巧妙话表达越明晰、越确切、越执著、越有诱惑力，对方的感知与理解力就越强，从而，满足客户的某种心理需要。

如何说客户才会听

说巧妙话要恰到好处，否则，弄巧反成拙。在实际销售中，经过周密思考和精雕细琢的巧妙语言，才有可信度，才能打动客户。

说话不要伤害客户的心

语言可以沟通人们之间的感情，也可以伤害对方的心。

说话的一方觉得无所谓，但是，往往因自己所用的词语不当刺伤了对方的自尊心，自己反而什么也没有觉察到，而使双方关系恶化。上述情况在我们日常生活中经常发生。

说话的一方虽无恶意，但对方却有受侮辱被讽刺和讥笑的感觉，这主要是说话的一方在说话时欠考虑，没有注意选择不伤害对方语句的缘故。

上述情况对于销售员来说尤其重要。在与对方说话之前，一定要自始至终做好这样的思想准备，"我怎么说才能不至于伤害对方的自尊心呢？"

例如，到一家商店访问，这家商店没有客户上门，在这种情况下如果开玩笑说"这里闹过鬼吧！怎么一个人也不见来？"虽说是开玩笑，但听起来就会让人很不舒服，言下之意是"这个商店快要倒闭了。"这时候最好说"难得有空呀！""下午客户很多吧！"一边说一边看看对方的反应如何。

销售员对客户，对熟悉的人，对朋友说话都要注意。譬如觉得对方脸色不好就说"您的脸色可不好啊！"如果对方身体没有毛病，精神也很好，一听这话就会感到不舒服，尽管是出于好意关心他，但效果却恰恰相反，对方心里也许会琢磨，"这家伙真不是东西，盼着我早死啊！"在这种场合可先说"您好吧？""近来身体还好吧？"对方如果不回答说"很好，托您的福"，而说"最近身体不太舒服"时，你就可以说"所以脸色有点……"这才是体谅人的说法。

在聊天时，因讲了些有趣的话可使对方捧腹大笑，可是一旦进入商业谈判则往往会激烈地争论起来。不管在什么场合下都是不允许失言的。如果失去风度，出言伤人，把对方给惹生气了，就会中断交易，造成不可挽回的后果。为此，优秀的销售员在和用户对话时，绞尽脑汁地选择词语。不过讲话时过于恭敬乱用敬语也不行，要用通俗易懂、朴实亲密的语言，只有这样才能取得成功。

以上所说的，看起来好像很难，其实只要有心，谁都能做到，只要多练习多用就能够做到和任何客户打交道都有共同语言。这里再提醒一次，会话时，请注意谈话内容，千万不要伤害对方。

如何说客户才会听

销售员必须学会考虑对方的处境，维护对方的自尊和脸面，不要有信口开河地说话的习惯。

无论发生什么，都不要与客户争论

在销售时，不要总是希望迅速有效地改变客户的态度，而应采取尊重客户的做法，间接地暗示他，让他心里清楚："我是尊重你、理解你的。"

有一次，一位女士怒气冲冲地走进果蔬店，向销售员喝道："我叫我女儿在你们这儿买的苹果，为什么缺斤少两？"

销售员一愣，然后礼貌地回答："请您先回去称称孩子，看她是否长重了。"

这位妈妈恍然大悟，脸上的怒气也顿时消去了，心平气和地微笑着对销售员说："噢，对不起，误会了。"

为什么会出现这种情况呢？销售员认为自己不会称错，那么便剩下一种可能，即那位女士的孩子把苹果偷吃了。但是如果明说"我不会搞错的，肯定是你女儿偷吃了"，或者"你不找自己女儿的麻烦，倒问我称错没有，真是莫名其妙"，这样不但不能平息客户的怒气，反而会引发一场更大的争吵。因此，销售员用委婉的语气指出客户所忽视了的问题，既维护了商店的信誉，又避免了一场争吵，也赢得了客户的理解与好评。

所以，无论在什么情况下，销售员都不能同客户发生正面争论。客户提出的各种反对意见也许是荒谬的、无理的，有时甚至是让人难以接受的，但不管怎样，销售员都不能冒犯客户。因为没有哪位销售员能通过争论来说服客户并最终购买自己的产品。

山姆是自动办公设备的销售员。他对自己所销售的产品充满信心，因为这些产品本身也确实称得上质量好、价格合理。在和客户的沟通中，他常常使用这样的语言："嘿，我说，你们的办公设备已经过时了，如果使用我们的设备，一天可以节省几个小时的时间。""老兄，你干嘛听信公司的销售员，他们全都是骗子，我们的产品才是真正的一流货色。"

尽管山姆的话有时符合当时的实际情况，但却使很多客户感到不快。一些客户往往也反驳他说："我不信你那一套！"遇到这种情况，山姆往往会认为这是客户在给他机会，以让他来进一步介绍产品。于是，他就开始向客户介绍产品的性能、特点、价格等。但他很快就不得不停下来，因为客户已经走开了。

山姆销售失败的原因就在于他与客户争辩，他的话引起了客户的不快。

要尽量避免与客户争论，创造一种真诚合作的沟通气氛，是销售谈判取得成功的基本前提；和谐的沟通有助于构建良好的客户关系，这是保持长期业务联系的重要条件。而销售员语言艺术水平的高低，在很大程度上决定着双方谈判气氛是否融洽和人际关系的好坏。

在销售过程中，有经验的销售员总是使用最恰当的语言艺术来创造一种轻松愉快的气氛，以便消除客户的排斥心理，从而迅速转入正常的业务洽谈阶段。当双方产生意见分歧时，销售员恰当的语言艺术又是转移或搁置矛盾、化解或缩小分歧的主要手段。同时，在阐述自己的立场和要求时，合理的语言表达方式，既可以清楚地说明自己的观点，又不致引起对方的反感。

如何说客户才会听

销售员要永远记住你的目标与使命：向客户销售产品，而非与他们进行争论！

面带微笑地与客户交谈

一个在工作中总是充满真诚的微笑的销售员，会让客户觉得你非常友善，他也会明白你的心意："我喜欢你，我很高兴见到你。"

销售高手、著名钢铁企业家施瓦伯先生曾经说过他的微笑能抵得上100万美元。这大概是在向人们暗示微笑的真理，施瓦伯的性格魅力以及他那令人称道的能力，几乎是他取得成功的所有原因。而他的个性中最具魅力之处，就在于他那能够打动一切人的迷人微笑。

密歇根大学心理学教授詹姆斯·麦克奈尔也谈了他对微笑的看法。他说："那些笑脸常在的人，在管理、教育和销售当中会更容易获得成功，更容易感染所有和他们接触的人。笑容比皱眉头能更好地传情达意，这也正是为什么教育中更应该以鼓励和微笑取代体罚和处置的原因所在。"

卡耐基在对他的商界学员（尤其是那些销售员）进行培训的过程中，也曾建议他们花上一个星期的时间，每天都对别人保持微笑，然后再回到班上谈他们的体验。

由此可见，微笑的作用是多么巨大。在全美国具有重要影响的美国电话电报公司，有一个栏目叫"声音的威力"，这个栏目为电话使用者提供免费电话，以销售产品和服务。在这个栏目中，电话公司建议销售员在打电话时，应该保持微笑，但是这种微笑只能通过声音来传达。

所以，如果你希望客户看到你的时候会心情愉悦的话，那么你一定要记住：当你去拜访客户，和客户交谈时，一定要心情愉悦，保持自然的微笑。

你笑不出来吗？那该怎么办呢？以下有两种办法可以帮助你。

第一，强迫自己微笑。

第二，如果你一个人独处，不妨自己吹吹口哨，或哼一支小曲，或唱唱歌，就好像你很快乐的样子，那就能使你快乐。

美国著名的保险销售员弗兰克·贝特格认为，微笑对于销售员的成功具有极其重要的作用。对此他曾发出过这样的感慨：

"作为销售员，我认为最主要的问题就是能够面带笑容和客户打交道。当我还很小的时候，父亲就去世了，母亲独自带着我们5个孩子。为了供养我们上学，母亲只得去洗衣缝补干些杂活。那年天气寒冷，全家除了厨房之外，没有一个暖和的地方，房间也没有地毯；天花、猩红热、伤寒等疾病随时会降临到我们身上。饥饿、疾病夺走了我们家3个孩子的性命。这样的生活遭遇，使我们丝毫享受不到生活的乐趣。多年来的苦难生活，让我的表情总显得有些忧郁，但生活告诉我必须改变这一点，必须让自己面带笑容。我努力去做，很快就在家里、在社会上、在事业上收到了效果。

"我每天早上都要花15分钟洗漱，并强迫自己带着笑容出门。我很快就发现，这种虚假的职业微笑只能多换来几美元，却根本不能取代那种发自内心的、真诚的微笑。

"然而，要想拥有这种微笑并非易事。就在我每天早上的15分钟洗漱时间里，心中仍然充满了疑虑、恐惧和担心。所以，无论我如何强颜欢笑，但过了不了多久又是一副忧郁的面孔。

"微笑和忧郁是无法并存的。如果我想让自己微笑，就得想着那些快乐的事情。来看看我是如何开始我的一天的。

"在进入别人办公室之前，我会先停下来，想想该说些什么，然后面带微笑地走进去，这样的微笑容易变成开怀大笑。我几乎总是会有所收获：当秘书小姐进去通知老板，然后将我引进办公室时，她们一般都会受到我的微笑感染而面带微笑。

"面带真诚的微笑，和擦肩而过的人打个简单的招呼，往往比啰里啰唆地说一大堆无关痛痒的话更受欢迎。如果对方是你的熟人，不妨面带真诚的微笑直呼其名。要知道，真诚的微笑永远魅力无穷。

"正是这种简单的方法，才使得我在销售保险业务上取得了巨大的成功，因此微笑对我的成功而言，有很大的关系。"

你是否注意到一个现象？那就是好运似乎总是偏爱那些真诚而富有激情的人，而厄运则总是伴随那些忧郁的人。

如何说客户才会听

只需面带笑容，就会感受到快乐，同时也能让你的客户感到快乐，这样你将会让销售做得更好。微笑做销售，微笑着与客户交谈，何乐而不为呢？

不可或缺的肢体语言

在使用口头语言和客户进行沟通的同时，销售员还应该配合一定的肢体语言来对客户进行恰当的暗示，实施动作暗示的主要工具和外在表现，就是肢体语言。

肢体语言就是用体态动作把自己的想法表露出来，从而达到暗示的效果。一个眼神，一个手势，都可以被称为肢体语言。有时候，一个暗示性的肢体语言比口头上的语言更能影响人的心灵深处。如果销售员在说服中配合以引导性的动作，或是给被客户传达一定的暗示动作，就能够很好地影响客户的意识和行为。

肢体语言在隐秘说服中起着非常重要的作用。一方面，你可以通过肢体语言来传达口头语言很难传达的信息；另一方面，客户会通过你的肢体语言，很直接地来感知你的情绪、信心和可靠度，并由此决定是否该信任你、喜欢你，然后决定是否购买你的产品。

很多销售员都知道肢体语言的重要性，但却不懂得去学习这种技巧。因为他们认为，这种技巧很难掌握。其实，肢体语言并不难学习，至少比盲人的手语要容易得多。

简单来说，肢体语言可以分成四大部分。

1. 眼睛

眼睛是心灵的窗户，反映着人的喜怒哀乐，它能向客户传达很多信息。但凡是优秀的销售员，都希望与客户保持目光接触。特别是当客户犹豫不决时，目光接触越多越好。

有的销售员在面对客户时，不敢看对方的眼睛，就是看着对方眼神也是飘移的。这让老练的客户一眼就能看出你的不自信，就是因为看到了你的弱点，才会不停地讲条件，本可以马上签下的订单，却迟迟没有结果。正确的肢体语言，应该面带微笑，眼睛炯炯地、柔和地看着对方的眼睛，不卑不亢，让对方感觉到你的自信和平和，感到你的诚实和勇气。

2. 身体位置

销售员与客户的角度与距离，都要表现出热情和尊重。

刚开始，销售员可能需要站着和客户交流。可有的人站着不断地摇晃肩膀，不断地倒换双脚，这些动作很不礼貌，也会让客户感到你不耐烦，想尽快结束谈话。正确的做法是，像军人似的稍息的动作，一脚稍微在前，一脚靠后支撑重心。一定要稳重，不要摇头晃脑。

当坐下来谈业务时，要做到后背坐直，身体前倾，这样才能充分展现出你的热情、职业素养和对客户的重视。另外，坐时切忌跷着二郎腿或是抖动双脚，这会显示出你的轻浮无内涵，也让客户产生你不尊重他的想法，因而对你不信任，更遑论你的说服会成功了。

3. 面部表情

微笑是用来创造良好形象的最有效的肢体语言。因此，在与客户交流时，脸上一定要始终洋溢着微笑，千万不要流露出不耐烦。否则，很容易得罪客户。

4. 手势

我们每一个人在谈话的过程中都会有不同的手势，只是有的手势是有助于我们表达的，有的手势会令人讨厌。比如，张开手掌这个手势会给客户诚实的感觉，可以提高你的可信度，增加你的交际能力。在谈业务时，最好不要出现用手指点指对方的手势，这样会让对方非常反感，也不要讲话时挥舞拳头，这些手势都是不礼貌的。

如何说客户才会听

相对口头语言来说，肢体语言更加简单有效。因为它的直观性，能够更有效地吸引客户的眼球，获得客户的注意，并加深他们对你的好感。运用肢体语言增进沟通，是每一个销售员必备的一项技能。

第七章
魔鬼说服，客户一定听你的

说服任何客户的"魔法词汇"

在说服客户的过程中，一定要在遣词造句上花些工夫。有一些所谓的"魔法词汇"是客户非常愿意从你那里听到的，你务必要充分理解这些关键词汇的重要性。

1. "您好，我可以帮您做些什么吗？"

这种开放式的提问，可以获得客户好感，也能引起客户谈话的兴趣。因为你是在提供"帮助"，而不是"兜售"产品。人们都希望被帮助、被服务，以这样的提问开头，你就可以以一种积极的语调开始谈话。

2. "您的问题，我们完全可以解决。"

客户与你沟通的真正目的，是要"买到"解决问题的方法。他们喜欢你用他们能理解的语言直接回答他们的问题。

3. "虽然我现在给不了您要的答案，但我一定会尽快解决。"

如果客户提出的问题比较刁钻，你一时难以解决的话，就应该坦白地告诉客户你不知道答案。在对所有的事实没有把握的情况下贸然地回答客户的提问只会让你的信誉损失得更快。为了证实你是否讲诚信，精明的买家有时会故意提出一个你无法解决的问题。在这种情况下最好给客户一个诚实的回答以提高自己的信誉。

4. "我们一定会满足您的要求。"

告诉你的客户,令客户满意是你的责任。要让客户知道,你们知道他需要什么样的产品或服务,并会按照双方都同意的价格提供这种产品或服务。

5. "我们将随时为您提供最新信息。"

客户最信赖的销售员就是那种能为他们及时提供最新消息的人,不管是好消息还是坏消息。因此,你要让客户知道,你将随时为他提供有关订货方面的最新信息。订货至交货的时间越长,这种信息的更新越重要。

6. "我们保证按期交货。"

约定的交货日期就是你必须履行的诺言。星期一就是星期一。五月的第一周就是五月的第一周。客户想听到的是:"我们会按时交货。"能始终如一做到这一点的人很少,如果你做到了,客户就会记住你。

7. "非常感谢您能接受我们的服务。"

说这句话的效果比简单地说句"谢谢你的订货"的效果要好得多。你还可以通过交易完成后的电话联系,热情地回答客户的问题,来表明你对客户的谢意。

总之,销售员在与客户沟通时,如果能频繁地使用让客户高兴的词语,就向客户传达了这样一条信息,你是在真正地关心客户!这样会使客户再次购买你的产品或服务,除此之外,客户还会把你和你的公司热心地推荐给其他人。

如何说客户才会听

不同的词汇传达着不同的信息,销售员对词汇选择的同时也往往表明对客户和产品的态度,销售员要尽量使用积极性的词汇,以客户愿意听的口气来传送自己的销售信息。

让客户自己说服自己

我们在接触客户的时候常发现客户在忙着其他事情。在这个时候，如果我们不能在最短的时间内，用最有效的方法来突破这些抗拒，让他们将所有的注意力转移到我们身上，那我们所做的任何事情都是无效的。

美国有一个销售安全玻璃的销售员，他的业绩一直都保持北美整个区域的第一名。在一次顶尖销售员的颁奖大会上，主持人说："你有什么独特的方法来让业绩保持顶尖呢？"

他说："每当我去拜访一个客户的时候，我的皮箱里面总是放了许多截成15公分见方的安全玻璃。我随身也带着一个铁锤子。每当我到客户那里后我会问他，'你相不相信安全玻璃？'当客户说不相信的时候，我就把玻璃放在他们面前，拿锤子往桌上一敲。每每这时候，许多客户都会因此而吓一跳，同时他们会发现玻璃真的没有碎裂开来。然后客户就会说，'天啊，真不敢相信。'这时候我问他们，'您想买多少？'直接进行缔结成交的步骤，而整个过程花费的时间还不到1分钟。"

他讲完这个故事不久，几乎所有销售安全玻璃公司的销售员出去拜访客户的时候，都会随身携带安全玻璃样品以及一个小锤子。

但经过一段时间后，他们发现这个销售员的业绩仍然保持第一名，他们觉得很奇怪。在另一个颁奖大会上，主持人又问他："我们现在已经做了同你一样的事情了，那么为什么你的业绩仍然能保持第一呢？"

他笑一笑说："我的秘诀很简单，我早就知道当我上次说完这个点子之后，你们会很快地模仿，所以自那次以后我到客户那里，唯一所做的事情是我把玻璃放在他们的桌上，问他们，'您相信安全玻璃吗？'当他们说不相信的时候，我把玻璃放到他们的面前，把锤子交给他们，让他们自己来砸这块玻璃。"

这确实又是另外一种销售境界——与其销售员来证明产品是最好的，不如让客户自己说服自己购买。

如何说客户才会听

在这个世界上，没有人愿意被别人说服。但是，如果让客户自己说服他自己，他一定不会排斥，甚至会很佩服自己的思辨能力。

把客户的"不"变为"是"

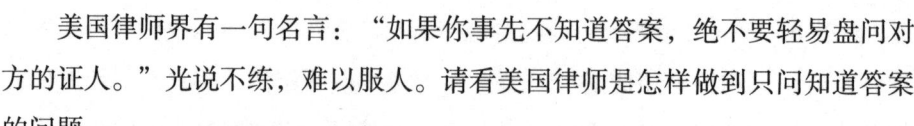

美国律师界有一句名言："如果你事先不知道答案，绝不要轻易盘问对方的证人。"光说不练，难以服人。请看美国律师是怎样做到只问知道答案的问题。

一个律师代表一起离婚官司的女方出庭，向男方发问："请你用'是'或'不'来回答我的问题。请问你是不是停止打老婆了？"

如果男方回答"是"，律师立即会说："尊敬的法官大人，各位陪审员，你们听清楚了吧，这个人以前打老婆！"

如果男方回答"不"，更不得了，律师一定会一口咬定："请看，这个人还在打老婆！"

要是男方想辩解呢？会立即遭到律师的严厉制止："请你回答'是'或者'不'！"

不管对方怎么回答，提问者早已准备好各种应变方案，使事态朝着自己预定的方向发展。

在销售中，销售员经常被一些突如其来的问题弄得目瞪口呆，狼狈地败下阵来。其实，只要你牢记你的目的，预先堵住可能造成麻烦的漏洞，创造一种安全的销售气候，主导整个沟通过程，大部分问题是完全可以消弭于无形之中的。你就会明白，优势属于你，成功属于你！

让我们来看看销售员最怕、最头疼的三句话：

（1）辛辛苦苦地谈完了，好不容易说服了对方，冷不丁听到对方说一句："不错不错，我要跟××商量商量！"

（2）不断地转换角度促成，对方仍淡淡地说："我还要考虑考虑！"

（3）历尽艰辛成交了，墨水还没有干，客户突然通知说："我不要了，给我退货吧（我要解约）！"

这些话不由得令人长叹："无可奈何花落去！"其实，你完全可以让这些话通通消失。

尽量避免谈论让对方说"不"的问题，而在谈话之初，就要让他说出"是"。销售时，刚开始的那几句话是很重要的，例如：

"有人在家吗？我是××汽车公司派来的。今天，我是为了轿车的事情前来拜访的……"

"轿车？对不起，现在手头紧得很，还不到买的时候。"

很显然，对方的答复是"不"。而一旦客户说出"不"后，要使他改为"是"就很困难了。

因此，在拜访客户之前，首先就要准备好让对方说出"是"的话题。

例如，对方一出现在门口，你就递上名片，表明自己的身份，同时说："在拜访你之前，我已看过你的车库了，这间车库好像刚建没多久嘛！"

只要你说的是事实，对方必然不会否认，而只要对方不否认，自然也就会说"是"了。

就这样，你已顺利得到了对方的第一句"是"。这句本身，虽然不具有太大意义，但却是整个销售过程的关键。

"那你一定知道，有车库就比较容易保养车子喽？！"

除非对方存心和你过意不去。否则，他必须会同意你的看法。这么一来，你不就得到第二句"是"了吗？

如果对方真的要拒绝，那不仅仅是口头上的一声"不"，同时，他所有的生理机能（分泌腺、肌肉等）也都会进入拒绝的状态。

然而，一句"是"却会使整个情况为之改观。所以说，比"如何使对方的拒绝变为接受"更为重要的是：如何不使对方拒绝。

如何说客户才会听

作为一名聪明的销售员，不但要懂得交谈的艺术，更要有办法时刻将话题的主动权掌握在自己手里，把客户的"不"变成"是"。

让客户不停地说"是"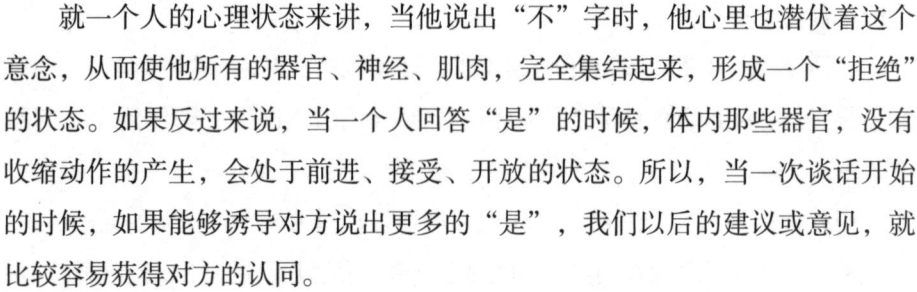

就一个人的心理状态来讲，当他说出"不"字时，他心里也潜伏着这个意念，从而使他所有的器官、神经、肌肉，完全集结起来，形成一个"拒绝"的状态。如果反过来说，当一个人回答"是"的时候，体内那些器官，没有收缩动作的产生，会处于前进、接受、开放的状态。所以，当一次谈话开始的时候，如果能够诱导对方说出更多的"是"，我们以后的建议或意见，就比较容易获得对方的认同。

运用"是"的方法，纽约一家储蓄银行的出纳员成功地拉住了一位阔气的储户。

这个出纳员叫艾伯逊，他是这样介绍情况的：

这人进银行来存款，我按照规定，把存款申请表格交给他，有的项目他马上就填写了，可是有的项目他拒绝填写。这事如果发生在以前，我会告诉那位客户，如果你不把表格填上，那我就拒绝你的存款要求。很惭愧，我以往都是这样做的。当然，每当说出这种具有权威性的话后，我就会感到很自得。

但那天上午，我就运用了一点实用的知识，我决意不谈银行所要求的，而谈些客户方面的需要。最主要的，我决定使他一开始就说"是"。我说，我的意见跟他完全一样，他既不愿填满表格，我也认为并不"十分"必要。

我对那位客户说:"如果出现什么事情,你有钱存在银行里,你是不是愿意让银行把存款转交给你最亲密的人?"

客户马上回答:"当然愿意。"

我接着说:"那么,你就依照我们的办法去做如何?你把你最亲近的亲属的姓名、情况,填在这份表格上,如果出现什么情况,我们立即把这笔钱移交给他。"

那位客户又说:"是。"

那位客户态度软化的原因,是他已知道填写这份表格完全是为他打算。他离开银行前,不但把所有情况都填在表格上,而且还接受了我的建议,用他母亲的名义,开了个信托账户,有关他母亲的具体情况,也按照表格详细填上。

我发觉使他一开始就说"是",我们之间就没有机会为了填表格的事而发生争执,并且客户就很愉快地依我的建议去做了。

也许真实的说服没这么简单,但这个案例却提供了一个思路。下次当我们被拒绝时,要问一些能够获得对方回答"是"的缓和问题。

如何说客户才会听

让客户不停地说"是",是一种十分有效的手段。它能够使客户在不知不觉中进入你早就计划和安排好的交易之中,从而为你的销售成功增加筹码。

用故事敲开客户的心

不管一件东西多么平凡无奇,只要你能提供一个关于它的好故事并使之流传,它的身价就能飙升,任何消费产品都能变成奢侈品,如顶级牛奶、顶级火柴和顶级牙膏等。销售的作用就是化平凡为神奇。

作为感性销售的工具，讲故事在销售战术中占据着重要的一个位置。通过销售员的角色魅力，必要时适当地讲一些动人的故事去帮助自己销售，这样可以引起客户和销售员感情上的共鸣。随后，销售员只需在其共鸣基础上进行攻心战术，销售活动的成功率就会高多了。

只会讲观点的销售员无法生存，只会讲事实的销售员也最多只获得75分，而只有会讲故事的销售员才是真正的优秀者。

很多表现活跃，业绩突出，善于打交道的销售员，他们都善于给客户讲故事，并且用讲故事的方法为客户插上想象的翅膀，从而激发客户购买产品的欲望。

讲故事可以引发共鸣，可以激发兴趣，显得平易近人，更能深入人心。用讲故事的方法来介绍自己的产品，与客户沟通，就能够收到很好的效果。

一客户来到海尔冰箱的柜台前，对海尔的销售员说："你们的质量有保障吗？"这时销售员没有就质量本身说那么多，只是讲起海尔的总裁张瑞敏上任时砸冰箱的故事。一个故事立刻令人对海尔冰箱的质量刮目相看。

像乔·吉拉德、甘道夫、原一平、柴田和子都是讲故事的大师。原一平每次在销售保险的时候，都会讲一个因没有买保险发生意外和死亡的悲痛故事，他的真情感动得客户流下了泪水，这时他便说道："我真的不希望这样的故事发生在我遇到的任何一个人身上，我有责任去帮助他们，我出售的不是保单，我出售的是爱和保障。"就因为原一平讲故事真挚，一次又一次地打动了客户，从而帮助他成交了一个又一个的保单，让他成为受人尊敬的销售大师，被誉为"销售之神"。

不管你今天销售何种产品，你一定要收集那些能令新客户产生共鸣、激发他们需要的故事。任何产品都有自己有趣的话题：它的发明、生产过程、产品带给客户的好处等等。销售员可以挑选生动、有趣的部分，把它们串成动人的故事，以此作为销售的有效方法。

所以销售大师保罗·梅耶说："用这种方法，你就能迎合客户、吸引客户的注意，使客户产生信心和兴趣，进而毫无困难地达到销售的目的。"

如何说客户才会听

在销售过程中,用故事作为自己销售的产品启动电源,马力十足地给客户带去情绪体验。当打动客户内心的时候,购买就会自然而然的发生了。同时,更为下一步的客户升级埋下了伏笔。

循循善诱,让客户乖乖听你的

在说服过程中运用一定的语言诱导是很重要的,但是,运用语言诱导的时候,必须强调话语的合适性,确保使用的语言能够达到一定的说服效果。如果语言运用不当,有可能会加重被说服者的反感,或带来负面影响。

在说服的过程中,应该正确地使用引导语,以使说服取得理想的效果。同时,语言诱导不可滥用,一定要恰到好处。

1. 要有目的性地进行语言诱导

在进行语言诱导的时候,必须有一个明确的目的,必须让说服过程中所有的语言指向这个目的。例如,你要说服客户购买你的产品进行减肥,在设计以减肥为目的的诱导语言时,必须围绕着减肥进行。你可以暗示客户说:"想象一下,使用了这个产品后,你身材越来越好了,你再也不用担心那些热量很高的食物了,你会达到自己想要的体重……"

要想实现诱导的特有效果,必须让设计的说服语言指向一个明确的目的,不可没有目的或是目的不够单一地去进行说服活动。

2. 语气一定要带有诱惑性

同样的语言,在一流的销售员口中会带给人强大的暗示和指引作用,而让普通人说出来却显得毫无价值。销售员的目的在于引导客户进入说服中,并且可以毫无防备地接受销售员所施加给他的各种语言暗示,因此如何让这些有价值的引导语言完全进入人的意识中,就需要一定的专业经验的积累。

如果在说服中依然使用和平常一样的腔调，甚至依然采用命令性的语气，可能会丧失客户的信任和好感。此时销售员的语气要轻柔且让人感觉到像是一种来自遥远的引导指令，让人们自然而然地接受这些指令。

3. 诱导用词要具有适当性

在诱导进入说服的过程中，要注意运用合适的时间词，要让这些代表时间的词或短语可以引起人们的注意力。如："在决定拥有这件产品之前，你真的想感受一下它的功效吗？"这句话让人将注意力引导到是否要感受产品功效，而且还假设他会试用这件产品。"在你完成这项计划前，我想和你讨论点东西。"这句话假设了你将会完成这项计划。恰当地运用带有假设含义的语言，如："你打算多快作这个决定？"暗示了你一定会作出决定；"你准备什么时候开始更进一步合作？"暗示了你已经处在合作状态，同时你还要继续合作下去。

对于一些带有否定色彩的词语，在运用的时候也要根据实际情况酌情使用。如"在你没有做好充分准备前，不要轻易购买"，其实暗示了你一定会购买。这种恰如其分的暗示，会让客户对你更信任。

说服语言的运用不是简单地把话说出来就完事了，需要有一定的技巧。也许，在我们试图说服客户的时候，说了一大堆的好话都没起作用，而一句一针见血、抓住要害的简单话语则可能收获难以预想的效果，这就在于合适的话语可以带给人们不一般的体验，引起人们心灵上的共鸣。

如何说客户才会听

利用语言诱导对客户进行暗示和说服，必须在实践中融会贯通，灵活运用。只有把握住分寸和尺度，才能达到你想要的效果。

找准软肋，切中要害

在销售中，要使说服获得成功，就要找到客户的需求点，找到客户的弱点与软肋进行重点突破，并及时满足客户，把销售的理由变成客户需要购买的理由。

以客户为中心，以需求为导向，找到客户的要害，才是说服的关键所在。看下面这个小故事。

一对老夫妇来看一所房子，当销售员把他们领进房间后，看到房间里的地板已经很破旧并变得凹凸不平，但当他们走到阳台上看到院子里有一棵茂盛的樱桃树时，两位老人立刻变得很愉快。

老妇人对销售员说："你这房子太破旧了，你看地板都坏了。"

销售员看到了他们对樱桃树的喜爱，就说："这些我们都可以给你们换成新的，最重要的是院里的这棵樱桃树，一定会使你们的生活更加安详舒适。"说着销售员把老人的目光引向屋外的樱桃树，老妇人一看到樱桃树马上变得高兴起来。

当他们走进厨房时，看到厨房的设备很多已经生锈。还没等客户抱怨，销售员说："这也没有关系，我们会全部换成新的，同时，最重要的是院里的这棵樱桃树，会让你们喜欢这里。"当销售员提到樱桃树时，老妇人的眼睛立刻闪出愉悦的光芒。"樱桃树"就是客户买下这所房子的"关键点"。

在这个小故事中，销售员通过观察客户的表情变化，敏锐地发现客户的潜意识中对樱桃树的喜爱。他能够迅速抓住这一点，因势利导，对客户进行种种暗示，给了客户一个购买的理由，从而及时发现、唤起甚至创造客户内心对于产品和服务的需要，恰到好处地对其进行说服，结果取得了成功。

如何说客户才会听

成功说服客户,要善于发现"客户缺钙"这个要害,从而以此为切入点,找到了客户的潜在需求。

见什么客户说什么话

客户当中什么性格的人都有,有的很任性,有的性子急,有的爱发脾气,有的说话带口头语。作为一名销售员,要和各种各样的人打交道。如果老是用自己固有的腔调谈话,就无法和所有人愉快地交谈,有时甚至还会遭"白眼",还没进入商谈就被对方拒绝了。

做生意讲究"见什么人说什么话"。由于每个人都有自己与众不同的性格,即使是同一需要、同一动机,在不同的客户那里,表现方式也有所不同。所以,为了能够真正把话说到客户的心坎上,不仅要了解客户的需要、动机,还要对不同的客户有一个基本的认识,这样才能有的放矢,有效地说服客户。

下面列出10种不同类型的客户,以及针对他们的不同的应对策略,希望销售员能够研究并熟悉这些类型,努力扩大应对的范围,优化应对方法。

1. 对沉默寡言的人

有些人话比较少,只是问一句说一句。这不要紧,即使对方反应迟钝也没什么关系,对这种人该说多少最好就说多少。这种沉默寡言的人反而更容易成为忠实的客户。

2. 对喜欢炫耀的人

有些人好大喜功,老是喜欢把"我如何如何"挂在嘴上,这样的人最爱听恭维、称赞的话。要是对普通的人称赞5次就足够了,对这种人则应至少称赞10次以上,对他热衷的炫耀,需要有适当的聆听。总之,对这种人听得越充分,称赞得越充分,所得到的报酬就会越多。

3. 对令人讨厌的人

有些人的确令人难以忍受,他好像只会说带有敌意的话,似乎他生活的唯一目标、唯一乐趣就是挖苦他人、贬低他人、否定他人。对于销售员来说,这种人无疑是最令人头疼的对手。这种人虽然令人伤脑筋,但不应忘记他也有和别人一样的想要某种东西的愿望。这种人往往是由于难以证明自己,所以他希望得到肯定的愿望尤其强烈,对这种人还是可以对症下药的,关键是自己在这种人面前不能卑下,必须在肯定自己高贵尊严的基础上给他以适当的肯定。

4. 对优柔寡断的人

有些人遇事没有主见,往往消极被动,难以作出决定。面对这种人,销售员就要牢牢掌握主动权,充满自信地运用销售语言,不断地向他作出积极性的建议,多多运用肯定性用语,当然不能忘记强调你是从他的立场来考虑的。这样直到促使他作出决定,或在不知不觉中替他作出决定。

5. 对知识渊博的人

知识渊博的人是最容易面对的客户,也是最易使销售员受益的客户。面对这种客户,应该不放弃机会而多注意聆听对方说话,这样可以吸收各种有用的知识及资料;要客气而小心地听着,同时,还应给以自然真诚的赞许。这种人往往宽宏、明智,要说服他们只要抓住要点,不需要太多的话,也不需要用太多的心思,仅此就能够达成交易,当然是最理想不过的了。

6. 对爱讨价还价的人

有些人对讨价还价好像有特殊的嗜好,即使是一碗面、一斤菜也非得要讨价还价一番不可。这种人往往为他们的讨价还价而自鸣得意,所以对这种抱有金钱哲学的人有必要满足一下他的自尊心,在口头上可以做一点适当的小小的妥协,比如可以这样对他说:"我可是从来没有以这么低的价钱卖过的啊。"或者"没有办法啊,碰上你,只好最便宜卖了。"这样使他觉得比较便宜,又证明了他砍价的本事,他是乐于接受的。

7. 对慢郎中式的人

有些人就是急不得，如果他没有充分了解每一件事，你就不能指望他作出购买的决定。对于这种人，必须来个"因材施教"，对他千万不能急躁、焦虑或向他施加压力，应该努力配合他的步调，脚踏实地地去证明、引导，慢慢就会水到渠成。这种做法对销售员素质的培养也是有益的。

8. 对性急的人

对性急的人首先要精神饱满，清楚、准确又有效地回答对方的问题，回答如果太拖泥带水，这种人可能就会失去耐心，没听完就走。所以对这种类型的人，说话应注意简洁、抓住要点，避免扯一些闲话。

9. 对善变的人

善变的人容易见异思迁，容易决定也容易改变。如果他已买了其他公司的产品，你仍有机会说服他换新的，不过，即使他这次买了你公司的产品，也不能指望他下次还来做你的忠实客户。

10. 对疑心重的人

疑心重的人容易猜疑，容易对他人的说法产生逆反心理。说服这种人成交的关键在于让他了解你的诚意或者让他感到你对他所提出的疑问的重视。你可以这样说："您的问题真是切中要害，我也有过这种想法，不过要很好地解决这个问题，我们还得多多交换意见。"

上面的例子说明，销售要讲究针对性，销售过程中说话话也不例外，也要讲究其针对性，即见什么人说什么样的话。

如何说客户才会听

"射箭要看靶子，弹琴要看对象。"销售中如果说话不看对象，就难免事与愿违。只有做到根据不同的场合、不同的对象，说不同的话，才能尽快地打开局面，避免沟通中出现的矛盾。

会说更要会听

销售员不仅要会说，还要会听。销售员如果只顾自己一个劲儿地说，而不懂得倾听客户的话，就无法真实地了解客户。那么，双方的沟通就是无效的，你的销售也因此不尽如人意。

有的销售员，在对方一开口时，说立刻打断对方，自己却滔滔不绝地讲个不停。等到对方感到不快而索性不说了，他反而认为对方被自己说服了，因而得意扬扬，但是最终的结果却是客户没有购买他的产品。

一个只会说话，而从来不愿意静下心来听别人说话的人，即使你说得再多，再精彩，也不会得到别人的认可，更不可能得到别人的尊重，因为你从来没有用"听"来了解对方，熟悉对方，从而进行心与心的沟通。这种人就算口才再好，也是枉然，被别人认为是一个无知的人。

作为一名销售员，你可以滔滔不绝，可以口若悬河，但是一定要给客户说话的机会。一旦你成为销售中的说话主角，你不但不会变得主动，反而会变得更加被动。因为你一直在唱"独角戏"，没有给客户说话的机会，从而忽略了客户内心真实的想法。不明白客户的真实想法，又如何对症下药呢？

我们常说："听比说更重要。"是的，耐心地听对方说话，这不仅是一个人自身修养和素质的体现，更是对客户的重视和尊重。

方小姐在某保险公司从事外勤工作已20年了，是个经验非常丰富的行家。就是在公司众多外勤人员中，她的成绩也一直是出类拔萃的。她在劝客户上保险时不采用劝说的方法，这正是与其他外勤人员的不同之处。后者通常的做法是在客户面前摆上好几本小册子，然后向他们说明到期时间和应收金额，并口若悬河地以一种非常熟练的语调反复地讲述客户在投保后，将能得到多大的好处。

而方小姐却与此相反，这样的话她一句也不说。她总是从对方感兴趣的话题说起，稍许谈谈自己在这方面的无知和失败的体会。对劝说投保一事素存戒心的对方因为她谈的是自己喜欢的话题，这样便在无意中跟着她谈了起来。之后她总是听着，并为对方的讲述而感到钦佩和惊叹。对方却不知不觉地倾吐了内心的烦恼，谈了自己对将来的理想和希望。方小姐依然还是专心地听着。直到最后，自己才主动地说出投保的想法："这么说，还需要适当地投保啊！"

方小姐是一个善听人言的高手。不过，在此可以断言的是：她并不是因为生意上的缘故而装出一副倾听对方言谈的样子的。与此相反，方小姐在这段时间里甚至忘记了工作，诚心诚意地极其认真地听对方讲话。也正因为如此，对方才会对她敞开心扉，吐露真情。即使在旁人看来，他们之间的对话像是单方面的，但实际上，这二人进行着心灵上的交流和沟通。

在与客户接触时，越是耐心倾听客户的意见，销售成功的可能性就越大，因为聆听是褒奖客户谈话的一种方式。对于同一销售员来说，听客户谈话应做到像自己谈话那样，始终保持饱满的热情与良好的精神状态，并时刻专心致志地注视着客户。当然，如果你确实觉得客户讲得淡而无味、浪费时间的话，可以巧妙地提一些你感兴趣的问题，以此转移对方的谈兴。但是，要注意绝不能随意打断客户的话，应当让他心平气和地讲完，即使他的意见不是新的或不符合实际情况，也要听下去。

如何说客户才会听

在与客户交谈时，销售员要管住自己的嘴巴，少说多听。多听客户的需求，多想客户的需求，把话说到点子上。

下篇 怎样做客户才会买

第一章
卖产品从卖自己开始

销售头号产品——你自己

作为一个销售员,他所销售的最重要的产品是什么?

美国汽车销售大师乔·吉拉德说得很清楚:"销售头号产品——你自己!"

乔·吉拉德出生于底特律一个移民家庭。16岁辍学,先后做过壁炉工、卡车司机、装配工、电镀工、饭店服务员……1963年,35岁的乔·吉拉德涉足汽车销售行业。1966年,他荣登"全世界零售汽车及卡车销售员第一名"的宝座,其名字被载入"吉尼斯世界纪录"。1975年,他获得美国成就奖审委会颁发的金杯奖。

"跟其他人一样,我并没有什么诀窍。我只是在销售世界上最好的产品,就是这样,我在销售乔·吉拉德。"

"你得销售你自己,这是一条最基本的销售原则,每一个销售员开始工作时都得学会这一点,人们更愿意与自己喜欢的人做生意。"

乔·吉拉德努力做到每一位客户心甘情愿到他那儿去买车,即使是一位5年没有见面的客户,但只要踏进乔·吉拉德的门槛,他就会让客户觉得像昨天才分手,并且他还非常挂念你。

乔·吉拉德每卖一辆车,都力争使客户像刚享受了一顿美餐时一样,心满意足。他让客户由衷地高兴:"那个吉拉德对我真好,我喜欢从他那儿买车。"

吉拉德之所以成为世界上"最伟大的销售员",关键在于他对人的了解,而不是车,汽车只不过碰巧是他销售的产品罢了。

这个道理,很多人不是不懂,他们也会说:"先销售自己,再销售产品。"可是闻其言后,再观其行,就能发现他们整个人还是全部围绕着产品转,从而陷入了一个极大的误区。说到销售自己,还有另外一个误区:心里美就足够了,外表无所谓。掉进这个误区的人们可真是不爱动脑筋啊,他们太想当然了!

在销售过程中,有的销售员一见到客户就迫不及待地向客户介绍说明产品,这样的做法反而会引起客户的防卫。客户在购买中第一个接触的是销售员,如果销售员跟客户说你的产品的品质、产品的服务、产品的价值是一流的,而销售员本身是三流的,客户会认为你的产品是一流的吗?当然不会。

销售的要点首先是销售自己,以自身做销售,自己就是自己的金字招牌。"客户不是购买产品,而是购买销售产品的人",不管你销售任何的产品,首先将自己销售出去。客户不喜欢滔滔不绝的说词,更不喜欢销售员夸大其词的欺骗式销售,而欣赏真实、自然、坦诚的建议者。销售高手都懂得首先把自己的魅力与美好人格销售出去,都不忘"先销售自己"。

怎样做客户才会买

销售的首要一步,是销售自己。正如乔·吉拉德所说的:"事实上,凡是向你买东西的人,买的都是你自己。"

卖你的形象——价值百万的销售力

在实际的销售工作中,有的销售员销售产品的成功率比较高,而有的销售员销售产品的成功率就比较低，尽管两者的销售能力不相上下，销售的产品也都相同，但这一差距始终存在。究其原因，主要是后者给准客户的第一印象不好，对方不愿和这样的销售员打交道，因此造成了他们销售的成功率一直不高。

在销售这个行业中，以貌取人是行业"标准"之一。如果想得到客户的青睐，蓬头垢面、畏畏缩缩、粗枝大叶而不懂礼仪是绝对不行的。如果你这样做了，客户会非常后悔放你进门来——他还得顾及自己的面子，与你交往等于自降身份，而且降的很没品位。你要想赢得别人的信任，就得在穿着上使自己看上去很得体，高贵优雅的外表可以让你处处受欢迎。如果是一个不修边幅的销售员，你在留给客户的第一印象上就失去了主动，还谈何销售成功。

刚入行做销售时，法兰克的着装打扮非常不得体，他公司一位最成功人士对法兰克说："你看你，头发长得不像个销售员，倒像个以前的橄榄球运动员。你该理发了，每周都得理一次，这样看上去才有精神。你连领带都不会系，真该找个人好好学学。你的衣服搭配得多好笑，颜色看上去极不协调。不管怎么说吧，你得找个行家好好地教你一番。"

"可你知道我根本打扮不起！"法兰克犹自辩解。

"你这话是什么意思？"他反问道，"我是在帮你省钱。你不会多花一分钱的。我跟你讲，你去找一个专营男装的老板，如果你一个也不认识，干脆找我的朋友斯哥特，就说是我介绍的。见了他，你就明白地告诉他你想穿得体面些却没钱买衣服，如果他愿意帮你，你就把所有的钱都花在他的店里。这样一来，他就会告诉你如何打扮，包你满意。你这么做又省时间又省钱，干吗不去呢？这样更易赢得别人的信任，赚钱也就更容易了。"

听起来真新鲜。要知道，他这些头头是道的话，法兰克可是闻所未闻的。

法兰克去一家高级的美发厅，特别理了个生意人的发型，还告诉人家以后每周都来。这样做虽然多花些钱，但是很值，因为这种投资马上就赚回来了。

法兰克又去了那位朋友所说的男装店，请斯哥特先生帮他打扮一下。斯哥特先生认认真真地教法兰克打领带，又帮法兰克挑了西服，以及与之相配的衬衫、袜子、领带。他每挑一样，就评论一番，解说为什么挑选这种颜色、式样，还特别送法兰克一本教人着装打扮的书。不光如此，他又对法兰克讲一年中什么时候买什么衣服，买哪种最划算，这可帮法兰克省了不少钱。法兰克以前老是一套衣服穿得皱巴巴的才换，后来注意到还得经常洗熨。斯哥特先生告诉法兰克："没有人会好几天穿一套衣服。即使你只有两套衣服，也得勤洗勤换。衣服一定要常换，脱下来挂好，裤腿拉直，西服送到干洗店前就要经常熨。"

还有一位鞋店的朋友告诉法兰克要经常换鞋，这跟穿衣一样。勤换可以延长鞋子的寿命，还能长久地保持外形。

法兰克学到这些技巧后开始生机勃勃地进行销售工作。过了不久，法兰克就有足够的钱来买衣服和鞋子了。法兰克又知道斯哥特所讲的省钱的窍门，便有好几套可以轮换着穿了。

糟糕的第一印象能够让千辛万苦的努力化为幻影。在销售界，成功的形象所需要传递的信息是"信任和权威"。

当走进一个陌生的环境时，人们立刻靠直觉给你进行以下总结：你的经济条件、教育背景、社会背景、家庭出身背景、你的可信度、成功的可能性、年龄、艺术修养、健康状态等等。这几秒钟的直觉就告诉客户，你是不是一个值得信赖的销售员，值不值得与你合作。这些瞬间萌生的潜意识会将判断迅速反馈到客户的大脑里，作为决策的重要方面。身为一名任何时候都要神采奕奕的销售员，你需要保持这样的形象：

（1）与人初次相识，要穿着得体、整齐，你的外表就代表了你。

（2）塑造自己的专业形象。积极参加各种专业性的培训课程，利用一切机会接触本行业的专家，积极向他们请教。当客户对你的专业知识水平表示信任时，你所做的销售陈述就会使他们更加容易接受，而且更具可信度。

（3）销售员首先向客户推介时，要像"孔雀开屏"一样，要把自己产品最漂亮的一面展示给客户，要把产品能给客户带来利益的最好卖点说出来，客户才有兴趣听下去。

尽管有时第一印象并不完全准确，但本着"先入为主"的理念，第一印象总会在以后的决策时，在人的感觉和理性的分析中起着主导作用。只有对自己负责的人，才能真正地对客户负责。记住，随时随地，让自己永葆最优秀的状态，这样你的机遇会来得又快又多。

怎样做客户才会买

面对客户，要始终如一地展示你最完美的形象，因为你要传递给他这样一个信息：你可以信赖我，和我做长久的朋友和长远的买卖。

卖你的礼节——销售的敲门砖

得体的礼节不仅可以塑造一个人的良好形象，而且有助于打开局面，办好事情。因此，销售员应懂得人际交往的礼节，运用礼节来促进销售。

销售员应注意的礼节主要有以下几种。

1. 打招呼的礼节

销售员见到客户的第一件事就是向客户打招呼。一个恰到好处的问候，会给客户留下一个良好的印象。问候时，要注意根据客户的身份、年龄等特征，使用不同的称呼。另外，在向客户打招呼时，必须注意和客户在一起的其他人员，必要时一一问候。因为这些人往往是客户的亲属、朋友、同学或同事。

2. 握手的礼节

握手是相互致意的最常见的方式之一。在销售场合，当介绍人把不认识的双方介绍完毕后，若双方均是男子，某一方或双方均坐着，那么就应站起来，趋前握手；若双方是一男一女，则男方一般不应先要求对方握手。握手时，必须正视的对方的脸和眼睛，并面带微笑。这里应注意，戴着手套握手是不礼貌的，伸出左手与人握手也不符合礼仪，同时，握手时用力要适度，既不要太轻也不要太重。适宜的握手方式往往能带来良好的效果。可以想象如果一个销售员像抹盘子一样淡漠无趣地与客户握手或者只是轻轻地抓一下客户的手指尖，客户会作出什么反应。同样，过度用力握手也会使客户生厌恶和反感。对女性客户更是如此。

3. 使用名片的礼节

名片是销售员必备的销售工具之一。在使用名片时应注意以下几方面的礼节：

（1）一般来说，应先递出名片，最好在向客户问候或作自我介绍时就把名片递过去。

（2）几个人共同访问客户时，后辈应先递出名片，或先被介绍者先递名片。

（3）递名片时，应该用双手拿名片，并面带微笑。

（4）接客户的名片时也应用双手，接过名片后应认真看一遍，然后放入口袋或公事包里，切不可拿在手中玩。

（5）若客户先递出名片，销售员应该先表示歉意，收起对方的名片之后再递出自己的名片。

4. 使用电话的礼节

电话是销售员常用的销售工具。通过电话可进行市场调研、约见客户、销售面谈等等。销售员应讲究电话销售的礼节：

（1）拿起电话之前应做好谈话内容的准备。

（2）若拨错电话应表示歉意。

（3）通话内容力求简短、准确，关键部分要重复。

（4）通话过程，应多用礼貌用语。

（5）若找的客户不在，应请教对方，这位客户何时回来。

（6）打完电话，应等对方将电话挂断后，再将电话挂上。

5. 出席舞会的礼节

各种形式的舞会是增进友谊的交际场所，销售员不仅要适时举办一些舞会招待客户，

而且要适当参加客户所举办的舞会，这样有利于陶冶情操，发展友谊寻找新客户。但是，在出席舞会时应注意出席舞会的礼仪。

（1）销售员要讲究文明、礼貌、道德、卫生，要衣着整洁，举止端庄，不可大声喧哗。

（2）音乐奏起，男女可互相邀请，一般是男伴邀请女伴，女伴尽可能不拒绝别人的邀请。

（3）如果女伴邀请男伴，男伴不得谢绝。

（4）音乐结束时，男伴把女伴送到她原来的座位上，并向她点头致谢。

怎样做客户才会买

要想销售成功，就要销售自己。要想销售自己，必须讲究销售礼仪，进行文明销售。

卖你的亲和力——赢得 50% 的销售机会

在进行产品介绍前，最重要的步骤是：必须在最短的时间之内与客户建立最大的亲和力。亲和力在销售过程中是非常重要的。

所谓亲和力，就是通过某种方法，让客户依赖你、喜欢你、接受你。当客户对你产生依赖、喜欢或接受你这个人的时候，自然也会比较容易接受和喜欢你的产品。

一般来讲，我们对自己所喜欢的人所提出的建议，会比较容易接受，也比较容易相信。当然，我们对自己所怀疑、讨厌或不信任的人，自然对他们的产品和服务也相对不信任了。

成功的销售员都具有非凡的亲和力,他们非常容易博取客户对他们的信赖,他们非常容易让客户喜欢他们、接受他们。换句话说,他们很容易跟客户成为最好的朋友。

许多销售行为都建立在友谊的基础上,我们喜欢向我们所喜欢、接受、信赖的人购买东西,我们喜欢向了我们具有友谊基础的人购买东西,因为那会让我们觉得放心。所以一个销售员是不是能够很快地同客户建立起很好的友情基础,与他的业绩具有绝对的关系,我们称这种能力为亲和力。

亲和力的建立同一个人自信心和自我形象有绝对的关系。什么样的人最具有亲和力呢?通常,这个人要热诚,乐于助人,关心别人,具有幽默感,诚恳,让人值得信赖;而这些人格特质跟自信心又有绝对的关系。

人是自己的一面镜子。你越喜欢自己你也就越喜欢别人,而越喜欢对方,对方也容易跟你建立起良好的友谊基础,自然而然地愿意购买你的产品。实际上他们买的不是你的产品,他们"买"的是你这个人,人们不会向自己所不喜欢和讨厌的人买东西。

想一想,在你的工作当中,那些你最好的客户,那些最喜欢向你买东西的客户,以及你最喜欢买他们产品的人,你们彼此之间有很好的感觉,觉得你们之间就如同朋友一般。正是这种彼此之间亲和力的感觉造成了大部分成功的销售行为和结果。

世界上最成功的、最顶尖的销售员都是最具有亲和力,最容易跟客户建立良好关系,容易和客户交上最好朋友的人。至于那些失败的销售员,因为他们自信心低落,自我价值和自我形象低落,所以他们不喜欢自己,他们讨厌自己。当然从他们的眼中看待别人的时候,就很容易看到别人的缺点,也很容易挑剔别人的毛病。他们容易讨厌别人,挑剔别人,不接受别人,自然而然地他们没有办法很容易与他人建立起良好的友谊。这些人缺乏亲和力,因为他们常常看他们的客户不顺眼,他们常常看这个世界、看许多人都不顺眼,他们的亲和力低落,因为他们的自信心和自我价值低落,自然他们的业绩也就低落。

怎样做客户才会买

亲和力是销售的润滑剂,当你和客户之间建立了某种程度的亲和力,你已经在一开始就获得了50%的成功机会。

卖你的热情——销售的催化剂

据销售行业统计,热情在成功销售中占的分量为95%,而产品知识只占5%。当你作为一名新销售员不知道成交方法,只是掌握一点最基本的产品知识,但却能不断将产品销售出去时,你就会认识到热情是多么的重要。

美国哲学家、散文家及诗人爱默生说过:"没有热情,任何伟大的事业都不可能成功。"

不管是什么样的事业,要想获得成功,首先需要的就是工作热情。销售事业尤其如此。因为销售员整日、整月甚至整年地到处奔波,辛苦销售产品,其所遭遇的失败不用说了,就是销售工作所耗费的精力和体力,也不是一般人能吃得消的,再加上连连失败的打击,可想而知,销售员是多么需要热情和活力。可以说,没有诚挚的热情和蓬勃的朝气,销售员将一事无成。

当一群人都处在沉闷的气氛中,只要有一位热情的人加入,立即就能使每个人笑逐颜开,并且大家能唱起歌,跳起舞,简直有如神助一般。所以,热情可以使你结交很多朋友,也可以使不认识的人对你微笑。热情也是自信的创造者,甚至是胜利和成功的必需工具。热情可以使每一个人都爱自己的事业,爱自己的工作,爱一起工作的伙伴们。

热情也是一种兴奋剂,在每天清晨醒来,它可以使你充满了希望,好像脚下有了弹性,心里有了温暖,而且眼睛也炯炯有神了。热情可以使失败的销售员成为一个成功的销售员,悲观的人成为乐观的人,使懒惰的人变成勤奋的人。

要想成为一个成功的销售员，必须先要具有这种热情的态度。

客户也是有血有肉的人，也是一样有感情的，他也有种种需要。因此，你如果一心只想着增加销售额，赚取销售利润，而没有进行感情的沟通，那就不必奢谈成交了。你应该首先用热情去打动客户，唤起客户对你的信任和好感，这样，交易才能顺利完成。

你的热情要让客户感到你是在帮助他，而不是仅仅想赚他的钱。你应该帮助他说出他的真正需要，你应该做他的一个热心参谋，帮他算账，帮他决策，时时让他切身体会到你的热情，从而感到可以相信你，水到渠成地与你签约成交。这样你的销售额怎能不成倍上升呢？

玫琳凯，最初从事图书销售员的工作。半年之后，她开办了自己的公司——玫琳凯化妆品公司，该公司拥有 375 000 个美容顾问（销售员），年零售额约为 20 亿美元。如今，玫琳凯是美国最成功的商界女强人之一。"玫琳凯热情"已经成为一个代名词，这为她的成功蒙上了一层神秘的面纱。她这样看待热情：

"有人说我是天生的销售员，因为我十分热爱销售工作。我确实认为，我早年成功的主要原因是我热爱销售工作。我认为，同我在一起的销售员比我更有才能，但我的销售额却比他们多，这是因为我比他们具有更多的热情。在他们看来，销售工作是单调乏味的苦差事，在我看来，它却是一场比赛。"

"热情的力量真的很大！当这股力量被释放出来，并不断用自己的信心补充能量时，它就会形成一股不可抗拒的力量，并足以克服一切困难。"

"在销售中，你可以将这股力量传给任何一位客户，你要知道，热情可以激发他人的想象力，激发他人的购买欲。"

怎样做客户才会买

热情是世界上最大的财富。它的价值远远超过金钱与权势。热情摧毁偏见和敌意，摒弃懒惰，扫除障碍。记住：热情是能够传染的。请用发自内心的热情来销售，把这种热情传递给你的客户。

卖你的境界——做销售就是做人

说实话，办实事，用心为人做事，让客户感到真诚和信任，是销售的最高境界。客户不是被你的销售技巧所感动，而是被你的人格魅力所折服。如果你能成为让客户信任的销售员，就一定会受到客户的青睐。

1. 踏实认真

小李的管区内有一位很有实力的客户，但负责人根本不见他，只能见到一个下级的主管，也一直没能深入地谈业务，有一天那个负责人好不容易同意和小李吃一顿工作餐，而那一天小李恰好在区内很远的地方收账，眼看就差最后一家了，可约定的吃饭时间快到了，他没有推辞约定，直奔那个大客户处，宁可下班后再重新回来去收最后一家账款。而那位下级主管原本以为这次约会是随便一说，得知他如此守约后大为感动，大力向其上司保证，这个销售员在小事上都如此认真，一定是个可以信赖的人，这样的人服务的公司是不会错的，产品就更不用说了。小李因此和这个客户建立了长期、良好的业务关系。

销售界有一句话："每一个全世界最顶尖的销售员所销售的产品，不是产品本身，而是他自己"。在卖产品之前，一定是先销售自己，当客户喜欢你、了解你之后，才会开始选择你的产品。销售自己，就是销售做事认真的态度。

做事认真的态度是一种习惯。在销售过程中，销售员一定要对客户负责到底。客户一旦购买你的产品，和你成交，就更需要采取负责任的态度，因为你要为下一次的续费和新产品的销售做准备。

2. 关注客户

要让客户认同你，首先要做好自己。要注意在销售过程中的每一个细节。每一次电话，每一次邮件，都要给客户留下好的印象，让客户感受你的专业和人格魅力。

小李在做销售的时候，遇到过这样一位客户，他喜欢别人用短信和他联络，而不是电话沟通。小李投其所好，放下电话跟他短信联络，而且一有机会就主动和对方短信聊天。有一次，公司推出一种产品，小李就发个短信给他："明天涨价，欲购从速！"几小时后，就收到他的回信："买5年，款已转到贵公司，请确认，谢谢。"就这样签下了5年的订单。

在和客户打交道的过程中，一定要耐心，不可虎头蛇尾。如果客户觉得你是来服务的，而不是来卖东西的，你就成功了大半。销售无小事，你的人格魅力就是从一件一件小事中体现出来的。客户很可能就是从某件小事中，看到你值得信赖的一面，感受到你的人格魅力，从而和你保持紧密的联系。同样，他们也会因为某件小事对你失去信任。所以，在销售过程中，一定要注意自己的人格，取得客户的信任，对销售大有裨益。

一个人最大的人格魅力就来自于做事认真。一个成功的销售员肯定是一个认真的人，而一个业绩不好的人肯定是做事不够认真的人。

怎样做客户才会买

要让客户接受你的产品，成为你美妙的客户，首先要把最棒的自己奉献给他。

第二章
猜透心思，1分钟打开客户钱袋子

摸清楚客户到底在买什么

人们到底在买什么？

每一个购买行为的背后都意味着满足某些人的需求。人为什么会购买某种产品，许多人会认为：因为产品的价格低，产品的品质好，所以才购买。事实上大部分购买行为的发生，并不仅仅只是因为产品的价格或者是产品的质量，每一个人购买某种产品的目的都是为了满足他背后的某些需求。而这些需求的满足大多数时候并不是产品的表面所提供的功能，而是这些产品所能满足客户消费背后的某些价值观或感受。

在销售过程中，顶尖的销售员最重要的工作就是找出客户购买这种产品背后的真正需求或价值观，然后，调整自己的销售方式及产品介绍过程，而让客户能够明确地感受到这一产品能够符合他们某些内在的价值观以及满足他们真正购买这一产品所需要获得的感觉。

举例来说，许多人买车，他们买的并不是车本身，他们买的可能是车所能够带给他们的某些感觉，比如说便利的感觉、安全的感觉、舒适的感觉、身份的象征、成就感、自信心等所谓的价值观。而每一位客户购买每一项产品的背后所想要满足的价值观都有所不同，顶尖的销售员善于找出每一个不同的客户背后所要满足的不同的价值观，然后加以满足。

销售行为的第一步就是找出客户内在或潜在的真正需求。在我们找出客户的真正需求之前，我们永远不要介绍我们的产品，因为在我们不了解客户背后真正的价值观和需求之前，我们根本不知道该如何介绍我们的产品来满足客户的需求。

"购买需要"就是销售对象（即客户）是否需要你所销售的产品。有效地满足客户的购买需要是销售工作成功的关键所在。假如你销售的产品对客户毫无用处，那么销售员无论花费多少口舌，其结果都是无功而返，枉费心机。在销售过程中，客户接受销售信息宣传、购买销售产品大致出于8种需要。

1. 习俗心理需要

习俗心理需要即销售对象由于种族、宗教信仰、文化传统和地理环境的不同，带来思想观念和消费习俗上的差异。

2. 便利心理需要

便利心理需要即客户普遍要求在购买产品时享受热情周到的服务，要求合适的购买时机与购买方式，得到携带、使用、维修及保养方面的便利。

3. 好奇心理需要

许多客户对一些造型奇特、新颖的产品以及刚投入市场的新式产品或服务活动，会产生浓厚的兴趣，希望马上能够购买和使用。

4. 求实心理需要

这类客户在选择厂家和购买产品时，比较注意是否经济实惠、价廉物美，尤其是他们对产品价格的变化十分敏感。

5. 偏爱心理需要

在销售对象中，也有部分客户对某些牌号的产品或者某些名牌店家提供的服务，由于自身的兴趣爱好、职业特点、文化素养、生活环境等因素影响，存在着一种明显的需求欲望和消费偏好。

6. 从众心理需要

从众心理需要是一种赶时髦、追新潮、紧跟时代潮流的心理需求。在现代社会，人们受舆论、风俗、流行时尚的引导，所见所闻对自己触动很大，致使一般的客户都会迎合时尚，随大流而动。

7. 求名心理需要

有不少客户愿意接受名牌厂商的宣传销售，信任名牌产品，追求名厂名店，乐意按心目中的品牌认识选购产品。

8. 特殊心理需要

特殊心理需要即人们希望自己在判断能力、知识层次、经济地位、价值观念等方面与众不同，独树一帜。

怎样做客户才会买

客户的购买需求是多种多样的，在接受销售和使用、消费过程中，总会直接或间接地表现出来。而且，由于销售对象千差万别，一个人往往同时受几种消费心理需要的左右和支配，因此在销售过程中要尤其注意这一点。

物有所值，满足客户"值得买"心理

客户对利的需求是首要的需求。人们往往有这样的思维误区，即把客户对利的需求片面地理解为买便宜东西，买价格低的产品。其实，"利"并不仅指形式上的价格低廉，而是指物有所值，物超所值。目前，许多商家为了满足客户对利的需求，拼命地打折促销，打来打去，即使货卖出去了，也没有赚多少钱，丢掉的不仅是利润，甚至可能是信誉。等到扛不住的时候，也只好关门谢客了。

何为物有所值、物超所值呢？就是客户的心理比较优势，客户在购买产品时，心里感觉付出的价款值得。比如，同样的一件衣服，放在自由市场里卖，100元人们嫌贵，放在高档的大商场里卖300元，人们也许认为便宜。因为大商场附加了许多自由市场不可能附加的服务内容，如购物环境、可靠程度、信誉度、服务质量以及心理上的感觉等等，而这些本身就是有价值的。尤其在当今物质满足程度较高的情况下，这些物质以外的满足更重要。所以利不是简单的价格低廉，而是客户在主观上认为物有所值、物超所值；是客户在权衡比较一番后愿意付出的价款。当然，要满足客户对利的需求，使客户感到物有所值、物超所值就要突出产品的功能。

在销售时，应避免直接进入产品，片面强调产品的本身如质量、外观等，因为客户之所以购买，并不是因为产品质量好，外观漂亮，而是因为他有着某种需求。因此，这时应重点销售核心产品部分，即销售产品的功能，要强调客户购买你这一产品后所能得到的满足。这样才能引起客户的注意和兴趣，激起他的购买欲望，为最终成交打下基础。

一对年轻夫妇在苏宁重装开业的时候逛商场，销售员远远就看见他们在看美的的电磁炉，且是美的的特价品，不知为什么没买。

走到苏泊尔柜台前，那女士说苏泊尔的也不错。

销售员马上接话说："对呀，了解一下吧，不用看其他的，你看一下苏泊尔的赠品就知道了。"

"你看这黄色的铁搪瓷汤锅，没有一个牌子的电磁炉会送给您的，为什么他们不敢送，因为他们的电磁炉受热不均匀，用不了多久铁搪瓷会掉的；苏泊尔电磁炉就不一样了，传热均匀，可以放心地使用。多用富含铁元素的锅，尤其对女性身体特别好，补血；价格也不贵，399元，还有苏泊尔原装的汤锅炒锅送，要一个吧！"

男士转头悄悄问女士："那就要这个吧？"

女士微笑默认。

客户只关注电磁炉，说明客户购买目的很明确，不是盲目购买；同时客户关注的是特价品，说明客户是属于追求实用、物超所值、购买力有限的客户。这是客户的理性需求。

这种类型的客户，以追求产品的使用价值为主要目的，特别注重产品的实用功能和质量，讲究经济实惠和经久耐用。

所以，销售员的介绍方向是电磁炉的功能和质量。但在这里存在问题。对于电磁炉这种产品来说，特价产品同质化严重，大部分品牌特价品差异化很小。所以销售员就调整了方向，从赠品的独特性作为切入点，而避开了特价品同质化的问题。

怎样做客户才会买

对于客户来说，他们更看重产品的耐用性、实用性，针对这一点，在向客户销售产品时，突出产品的实用价值，就能容易达到销售目的。

优惠免费，让客户感到有便宜占

销售人群中流传着这样一句话：客户要的不是便宜，而是要感到占了便宜；客户不是要便宜的产品，而是要让他占了便宜的产品。占便宜是一种心理上的感觉，销售员要学会满足客户的这种心理需求，让客户有了占便宜的感觉，客户就容易购买你的产品。

销售的本质就是让客户有一种占便宜的感觉，没有什么能比优惠、便宜、免费更能引起客户的注意，激起客户的兴趣。销售高手总能利用人们的这种心理，总能找出借口卖出东西，并让客户觉得占了便宜。

有的销售员为了让销售额增加，推出一些免费体验服务，或者找出一些免费的东西来作为招徕客户的噱头。

在一次规模宏大的玩具展览会中，C玩具公司不幸被安排在展览会馆最偏僻的地方——8楼，由于地方偏僻，人们不愿意上那么高的地方，C公司的玩具参展一个星期也没几个人来看一眼。C公司的负责人急中生智，在第二个星期一的早晨，他就在展会一进门的地方撒下一些别致的名片，名片的背面写着"持有这张名片可以到8楼C玩具公司领取玩具1个"。仅半天的时间，8楼就被人们围得水泄不通，这种状况一直维持到C公司参展结束，高人气也为C公司聚集了不少财气，C公司以给人优惠的方法把营业额提到了最高。

C公司之所以取得了高营业额，在于它抓住了人们想得到优惠的心理，以小恩惠为公司带来了大利益。销售员很多，但真正懂得抓住客户心理的销售员并不多，如果想做一个成功的销售员，你就得学会利用人们的各种购买心理达到销售的目的。

优惠说到底是一种手段，其本质是用小利益换来大客户。当然，在优惠的同时，还要给客户占便宜的感觉。

在销售过程中，应学会将产品的利益用数字具体说明，不要用"节省""便宜""赚钱""降低成本"等概念来介绍产品，要用具体的数字。比如说，告诉产品便宜，究竟便宜多少钱，也只需要算笔账。清清楚楚、实实在在的几个数字就足以打动客户。例如：

"张先生，您算一算，我们第一年、第二年的贷款利率足足低了3%和2.15%。以您现在还有320万元的余额计算，我们第一年就可以帮您省下10万元，第二年还能省6.48万元，两年加起来就已帮您省了16.48万元。"

"我们净水机的价格是很经济合算的。您算一下，一般的品牌每半年就要换两支滤芯，每次收费5 000元，5年就要5万元；而使用我们的机器，你5年才需要1.25万元。所以，我们机器的价格虽然比一般的品牌贵了6 000元，但是，这样算一算您还是省了3.75万元，不是吗？"

一个销售网络广告的销售员要客户在网上放广告。客户问他，在网上放广告我能得到什么好处？销售员就给他算了一笔账：投资1 450元放一个广告，每天至少产生100个以上的访问，以500天计算，每个访客成本为3分钱。以每30个人中有1个人成交，每天能赚多少钱呢？于是，客户签单了。

"便宜"是客户把同类产品比较后得出的一种自我判断，消费者不仅想占便宜，还希望"独占"，销售员可以利用客户这种想独占便宜的心理，学会满足客户的这种心理需求，而不是一定要把产品卖出低价。例如："今天刚开张，图个吉利，按进货价卖给你算了！""这是最后一件，按清仓价卖给你！""马上要下班了，一分钱不赚卖给你！"便宜都让一人独占了，这么的便宜，有谁不会心动呢？

怎样做客户才会买

追求物有所值、物美价廉是客户普遍的心理，贪图便宜是客户的本性。当你满足了客户的这一心理时，就不愁产品卖不出去。需要注意的是，采用这种方法要把握一个前提，要给对方提供真实的产品，不能蒙骗客户。

大家都在买，迎合客户从众心理

客户在购买产品时，往往不愿意冒险尝试。凡是没有别人试用过的新产品，客户一般都持有怀疑态度，不敢轻易选用。而对于大家认可的产品，他们则容易信任和喜欢。尤其是看到大家抢购某种产品时，他们会表现出非常强烈的购买欲望，也会跟着去抢购。这是一种从众心理。

"从众"是一种比较普遍的社会心理行为和现象，也就是人们常说的"人云亦云""随大流"。大家都这么认为，我也就这么认为；大家都这么做，我也就跟着这么做。从众心理在消费过程中是十分常见的。因为人们一般都喜欢"凑热闹"，当看到别人成群结队、争先恐后购买某种产品时，也会毫不犹豫地加入其中。

在销售过程中，销售员也可以运用客户的从众心理，促使客户下定决心购买产品，从而获得订单。一些成功的销售员在争取客户的订单时，往往就喜欢利用这种技巧促使客户下决心签单。

一位销售员在向一家公司销售产品时，看到对方迟迟不肯签单，就说：

"贵公司旁边的政府大楼使用的就是我们公司的产品。他们最初只是购买了以下部分产品。后来，他们觉得我们公司的产品非常放心可靠，又相继购买了一些产品。到现在，他们与我们公司已建立了5年的长期合作关系。只要他们有这方面的需要，都会与我们公司联系，我们也会以最快的速度为他们提供最满意的服务。贵公司也可以先购买一小部分产品，如果觉得满意咱们就增加合同分量，您觉得怎么样？"

那家公司的负责人听了这话，想了一会儿就与销售员签订了单子，从他们公司购进了一小批货。

在购买产品时，许多人都不愿意"第一个吃螃蟹"，他们往往在看到别人购买后才会放心购买。对此，销售员何不利用他们的从众心理，向他们展示"别人已买了"或"别人已信任我了"呢？

一名销售员在向一位供货商销售产品时，由于是首次与该代理商合作，代理商对其产品有疑虑，虽然想进货，但是迟迟不愿意与该销售员签单。此时，销售员就对代理商说："您一定知道公司一向对供货商要求严格吧，我们公司就是公司的供货商。公司经过很长一段时间的考察，最终选择了与我们公司进行合作。现在，我们已与这家公司合作5年了，虽然是第一次与贵公司合作，不过我相信我们以后肯定也会保持长期合作的关系的。"

结果，代理商与销售员签订了合同，购进了一批货。

销售员适时地向客户展示"别人已买了""别人已信任了我"是促使客户信任自己，说服客户购买产品，签订订单的有效技巧。在销售过程中，销售员使用这种技巧，比较容易突破客户的警戒心理，最终说服客户下定决心签单。

怎样做客户才会买

从众是一种非常普遍的社会心理和行为现象。在销售过程中，销售员只要善于巧妙运用，往往能够促成客户下定决心签单，并源源不断地为自己争取到订单。

反其道而行之，满足客户的逆反心理

任何人都有一点叛逆心理，客户在购买产品时也不例外。有时越不容易得到的东西，客户越想得到。如果你能利用好客户的这种叛逆心理，给客户制造一种气氛，让他对你所想销售的产品产生一种占有欲，然后你再跟他说，现在有货了，这种产品可以买得到了，此时客户心里必然很庆幸，很有可能会欣然买下你的产品。

看看下面的这个销售实例，你一定会为那个销售员高超的销售本领叫好，也一定会受益匪浅。

销售员正在销售甲、乙两座房子，而此时他想卖出甲房子，因此他在跟客户交谈时这样说：

"您看这两座房子怎么样？现在甲房子已经在前两天被人看中了，要我替他留着，因此您还是看看乙房子吧。其实它也不错。"客户当然两座房子都要看，而业务员的话在客户心中留下了深刻的印象，产生了一种"甲房子已经被人订购，肯定不错"的感觉，相形之下，他就觉得乙房子不如甲房子，最后他带着几分遗憾走了。

过了几天，销售员带着热情的表情高兴地找到这位客户，告诉他："您现在可以买到甲房子了，您真是很幸运，正巧订购甲房子的客户把房子退回来了，他说家人太多，觉得房子有点小，想另找一座再大点的房子，我那天看您对甲房子有意便特地给您留下来了。"

听到这，那位客户当然也很庆幸自己能有机会买到甲房子，现在自己想要的东西送上门来了，此时不买，更待何时，因此，买卖甲房子的交易很快达成了。

在这个例子中，销售员稳稳地掌握住客户的心理，通过把客户的注意力吸引到甲房子上，又给他一个遗憾——甲房子已被订购，刺激他对甲房子更强的占有欲，最后很轻松地就让客户高高兴兴地买下了甲房子。

怎样做客户才会买

在销售中,如果顺着不行,可以逆着试试看,往往能达到意想不到的效果。

越是稀少的东西客户越想占有

从心理学的角度看,短缺因素对产品的价值会起到很大的影响。人们总是害怕失去或得不到,对稀罕物品有着本能的占有欲,反应在消费购物方面,越是稀少的东西,人们就越想买到它。在现实生活中,销售员可以使用"数量有限"的策略,当销售员告诉客户某种产品供应比较紧张,不能保证一直有货的情况下,就会促使客户及早地采取购买行动。

杰克是位很出色的销售员,他在向客户销售产品时,总是能够巧妙地运用短缺心理来促使客户尽快作出决定。

杰克先后销售过十几种产品,虽然面对的客户有所不同,但是不管销售哪种产品,都能够取得不错的业绩。他总是和客户这样说:

"先生,这种引擎的敞篷车在本地是绝不会超过10辆的,而且,厂里面已不再生产了,错过了这次机会的话,以后想买,恐怕也买不到了。"

"这种厨具就剩下2套了,而另一套您肯定是不会选择的,因为它的颜色是大红色不是很适合您,所以我觉得这套厨具非您莫属。"

"您也许应该考虑一下多买一些,最近这种产品很畅销的,工厂已积压了一大堆订单,我不敢跟您保证下次再来的时候还会有货。"

这样的说辞无疑是十分有效的,客户在其影响下,为了使自己不至于因为买不到而后悔,总是会果断地作出选择,先将自己喜欢的产品占为己有,这样才能够安心。

这就是杰克的成功之处。

数量有限的信息确实会对客户的购买决策产生影响。因此,如果销售员能够将这种策略合理地应用到销售过程中，则会有效地促进销售。当销售员发现客户对某种产品很感兴趣的时候，如果能够对其进行巧妙的引导，在说明产品质量可靠、价格实惠的同时，不妨再加上这样一个善意的提醒："这款产品刚刚卖出去一套，这恐怕是我们这里的最后一套了，机不可失，如果错过了，就需要等到下个月再来了。"客户听到这种话，往往会在害怕买不到的心理作用下，迅速地作出决定，先买回家再说，不能让别人抢了先。因为拥有它的机会变少了，而其对客户的重要性就相对提高了。

怎样做客户才会买

"物以稀为贵"，越是稀少的东西人们越是想得到，在销售中利用人们这一心理，就能促成客户尽快购买产品。

帮客户省钱，自己才能赚到钱

几乎所有人对钱都很感兴趣，省钱和赚钱的方法很容易引起客户的兴趣，作为一名销售员，帮助客户省钱就是帮助他们赚钱，也只有能为客户省钱、赚钱，自己才能赚到钱。

例如，你可以这么对客户说：

"陈厂长，这部机器比你目前的机器速度快，耗电少，更精确，能降低你的生产成本。"

"像您这种小型企业，常常会感觉到会计工作复杂、乏味，且费时甚多。使用本公司的 H 系列产品，您就会发现可提高您账务处理的效率，直接为您的企业降低成本，创造更高利润。"

"王主任，安装这个企业局域网络，一年内将使贵公司多赚 200 万元。"

"五口之家用高压锅，每天可节省一块半煤，按 0.10 元计算，每年可节省36元。高压锅按国家规定的标准可用8年，这就是说，您家使用高压锅，不仅省时、省事，节省的煤钱就达300元，而我们的高压锅才卖70元。"

销售高手不向客户销售产品，而是为客户提供可以省钱的方法，为客户节省开销。对于客户来说，他关心的是自己的利益，谁能以优惠的价格为他提供优质的产品和服务，他就与谁成交。

一名销售员如果单纯为了销售产品，客户认为你的目的是销售你的产品，他们就没有兴趣与你谈下去，因为，客户从心理上排斥你。相反，如果销售员能够为客户提供可以让他们省钱的建议，那么就会很容易得到客户的信任，双方在沟通中，气氛也就不会那么紧张了。

现在的市场是买方市场，现在的消费者在消费时更多追求精神上的满足。你为客户考虑得越多，为客户节省的钱越多，或者是降低客户的购物成本，或帮助客户减少购物风险，或缓解客户的心理压力，客户与你成交的机会才会越多，也只有这样你才能立于不败之地。

仅仅从自身的角度出发，一味地想赚客户的钱，是不足以维系合作伙伴关系的。在做销售时，要千方百计地从客户的角度出发，帮助客户分析问题，帮助客户省钱。

怎样做客户才会买

销售员必须全面了解客户的需求，只有帮助客户省钱，自己才能赚钱，帮助客户就是帮自己。

诱发虚荣心，让客户为"虚荣"买单

现实中，并不是每个人都能功成名就，使自己的优越感得到满足，相反地，大部分的人都过着平凡的日子。每个人都承受着不同的压力，往往有志不能伸，处处听命于人。虽说常态如此，但是绝大多数的人都想尝试一下优越于别人的滋味，因此，这些人会比较喜欢那些能满足自己优越感的人。

善于发现客户身上的闪光点，满足客户的虚荣心，尤其是对女性客户，例如服饰、皮肤、气质等。有时候你的表现抬高了她们，把她们奉为内行或这方面的老师，使她们获得了一种是重要人物的感觉，往往会改变自己原来的主意而购买你的产品。

江月在一个卖场上班，一天，一个五十岁上下的女客户要求退货，那个女客户保养得相当好，妆也化得很精巧，一看就是养尊处优的女人。当然，看起来有些盛气凌人。

她的衣服是买了几天了，又过来退。理由是衣服不舒服，她不喜欢了。经手的导购小姐不给退，她不依，态度相当不好。于是，导购给江月打了电话。

江月走到客户跟前，把手一伸说："您好，我叫江月，是这个店的经理。有什么问题交给我，我们坐下来慢慢解决，好吗？"然后，她把客户的肩一揽，就往出口处的小吃城走。回头数落导购道："那么热的天，也不给大姐倒杯茶。扣你这月的奖金！"

江月给客户和自己要了冷饮。她从客户身上穿的品牌说到她的化妆；又说到自己公司所经营的品牌；说到不同品牌的风格及内涵；又说服装的搭配、服装与妆容、服装与环境、服装与气质等的协调，又由衷地夸赞客户的品位。客户的虚荣心得到极大的满足，说："还是你有眼光！我的衣服都是在世纪金源买的。很多我都是穿了一次，就撂那儿不要了，从没在乎那千把块钱的。上次，我买一瓶香水，八百多元。我老公不喜欢那味道，我给了我一姐妹。"

江月微笑地听着说："就是！适合自己的和自己喜欢的就是最好的。流行的只是给那些没品位的小姑娘准备的。像香水还要能和自己的体味调和。"很自然地，江月随手打开了客户预备要退的衣服袋子，把衣服拿出来后，她惊讶道："这衣服不管颜色还是款式，都挺适合您的啊！和您肤色、气质蛮配的。我们导购也很有眼光的嘛！一般人穿不出这款衣服的味道的。"

"是我自己看上的。"女客户颇感自豪地说。

"我说呢！那么，您为什么又要退呢？"还没等客户说话，江月又补充说："我没别的意思，是想知道问题出在哪儿。因为您买这衣服的时候，肯定是喜欢上这衣服的。对吗？"

客户无奈地说："你看，你这是休闲服，我买回去以后，跟我所有的休闲服都不配。"

"原来是这样！您可以告诉我您的衣橱里有哪些休闲的品牌，好吗？我给您参考参考。"

客户报了一串顶尖大品牌，全部是运动休闲的。江月笑了，说："您的那些国际大品牌的确和我们的不搭。那是运动休闲的！您若相信我的眼光，我帮您再配一条裤子或者裙子。上街或者出去旅游时，穿我们这品牌，比那些运动品牌更舒服，更出彩！"

半小时以后，那个原本要退货的客户，又在江月那儿买了件上衣和两条裤子。开票时，江月说："姐，我帮您在小票上注明吧，你要觉得不合适或者不喜欢，三天内来退！"

女客户边照镜子边说："不用不用！月儿呀，姐很满意！原来，你姐还有这丰采！"

江月走过去，给她整理衣领说："服装是死的，可人能赋予它生命！是您气质好，穿出了味道！"

客户有些羞涩地说："姐就是脾气不太好！可能快到更年期了。"

江月很认真地说："客户是永远不会错的！是我们服务不到位。她们太年轻！"

客户给江月留下她的电话后，千恩万谢地走了。一转眼又转了回来，扔给导购和江月一包巧克力糖，对导购说："姑娘，阿姨刚才差点把你惹哭，给包糖，哄哄你！"然后，贴着江月说："你不会真扣她的奖金吧？"

江月笑着说："您不生气了，那就不扣了！"江月扭头对导购们说："还不谢谢这阿姨给你们说情。"

这个客户，后来成了江月的VIP客户。每一季节，新款上市，江月都会给她打电话说:"姐,到新款了!您气质好,有时间来帮我试衣服吧!在您身上穿一遍,她们才知道哪个款适合哪种气质的客户。"很堂皇的理由!可客户经不住诱惑,每个季节至少要在江月那儿买上两套。当然,江月也是给她最低折扣。

心理学家说,任何人都有不输给别人以及受人尊重的欲望。身为销售员,更没有理由不运用这种人类共有的心态。从江月的行为中,我们也许会看到满足客户虚荣心有多么重要。

怎样做客户才会买

每个人都有虚荣心,让人满足虚荣心的最好方法就是让对方产生优越感。一旦客户的优越感被满足,警戒心也自然消失了,双方的好感向前迈进一大步,成交也就近在眼前了。

要打开客户钱袋,就从好奇心下手

好奇是人类的天性,巧妙地利用消费者的好奇心,可以促使整个销售工作顺利开展。在实际销售工作中,利用客户的好奇心,引起其注意和兴趣,然后转而道出产品的各种好处,能促使客户立即作出购买决策。

一位新来的销售员在工作的第一个月向经理解释为什么业绩不佳。他说:"经理,我能把马引到水边,但是没办法让它每次都喝水。"

"让他们喝水?"销售经理急了,"让客户喝水不是你的事,你的任务是让他们觉得渴!"

在上面戏剧性的一幕中,销售经理的观点非常鲜明。销售员的工作不是让客户购买,而是激发客户的兴趣,这样客户就会想更多了解销售员提供的产品或服务。

成功吸引客户参与有效销售的关键，在于激发客户好奇心。怀有好奇心的客户会选择参与，反之则不然。

一位英国皮鞋厂的销售员曾几次拜访伦敦一家皮鞋店，并提出要拜会鞋店老板，但都遭到了对方拒绝。这次他又来到这家鞋店，口袋里揣着一份报纸，报纸上刊登了一则关于变更鞋业税收管理办法的消息，他认为店家可以利用这一决定节省许多费用。

于是，他大声对鞋店的一位店员说："请转告您的老板，就说我有路子让他发财，不但可以大大减少订货费用，而且还可以本利双收赚大钱。"

有人向老板提供赚钱发财的建议，老板怎么不动心呢？

不一会儿的工夫，鞋店老板就出来接见这位远道而来的销售员。

如果客户对你、对你的产品或者产品的某点感到稀奇或神秘，你就已经获得他们的好奇了。相反，如果他们一点也不好奇，你将寸步难行。也就是说，如果你能激起客户的好奇心，你就有机会创建信用，建立客户关系，发现客户需求，提供解决方案，进而获得客户的购买。

实际上，只需要一分钟就可以让客户感到好奇，但问题是客户因何而好奇。

第一，让客户自己判断。

有许多方式可以激发人们的好奇心，但最简便的方法就是问"猜猜发生了什么"。差不多每一个人听到"你猜猜发生了什么"都会立刻停下手边的工作。

第二，只提供部分信息甚至坏的消息。

有时销售员花费了大量时间、不厌其烦地向客户反复陈述自己的公司和产品的特征以及能给客户带来的利益，然而效果并不一定很好。这时，你可以反其道而行之，只谈一些产品的部分情况，甚至展示一下问题所在，同时提供可选择的解决方案，这样往往能赢得客户的尊重和信任，产生奇特的效果。

第三，新奇的东西。

新东西人们都想"一睹为快"。更重要的是，人们不想被排除在外，所以我们也可以利用这一点来吸引客户的好奇心。

第四，利用趋同效用。

如果其他所有人都有着某种共同的趋势，客户必然会加入进来，而且通常想知道更多信息。

只要能让你的客户感到好奇，你就可以发展更多的新客户，发现更多的需求，传递更多的价值，销售业绩也会大大提高。

怎样做客户才会买

销售中通过激发客户的好奇心，是一种行之有效的销售方法。在你满足了客户的好奇心的同时，对方也就会自觉地接受你的意见，进而购买你的产品。

第三章
吸引眼球,让客户由心动到行动

先做产品行家,后做产品卖家

商场里出现了这样一幕:

"小姐,这台冰箱为什么比那一台贵那么多钱?"一位家庭主妇问道。

"因为这台比另一台要好一些。"售货员小姐答道。

"这个我清楚,可是我想知道的是,究竟好在哪里?它有什么突出的优点,要值那么多的钱?"客户不依不饶。

"嗯,这个我不清楚,我只是负责卖的。"

对于销售员来说,仅仅博得客户的好感是不够的,更重要的是赢得客户的信任,使其最终购买你的产品才是最终目的所在。因此,有关产品的专业知识是销售员必须掌握的。业务素质应该是销售员的基础"硬件"。

以拥有百年历史的"雅芳"公司为例,这个业务遍布五大洲120多个国家和地区,营销代表逾200万人,年销售额达几十亿美元的公司,对旗下的销售员有一条不成文的规定,即每个销售"雅芳"产品的人都必须是使用"雅芳"产品的用户。切身体会无疑是销售员最具说服力的底牌,只有亲身试用,以一个客户的角度去品评自己的产品,才会获得最可靠的第一手资料,才会对产品真正拥有信心,并把这种信心带到每一次销售中,用这种信心去感召每一位客户。也只有真正了解了产品，才会对客户所提出的与产品本身紧密相关的问题心中有数、应对自如。

如果说，销售95%靠的是热情，那剩下的5%靠的就是产品知识。销售员成为产品专家后，就能够回答客户提出的任何问题，毫不迟疑并准确地说出产品的特点，熟练地向客户展示产品。只有具备了专业的丰富的产品知识，才能信心十足，才能产生足够的热情，成为销售专家。现在，许多顶尖销售员最引以为傲的，不是自己的销售业绩，而是他们在其产品或服务方面的渊博知识无人能及。

因此，销售员在进行销售之前，一定要对产品的以下基本特征有充分了解。

1. 产品的名称

有些产品的名称本身就具有特殊的含义。这些名称就包含了产品的基本特征，有可能也包含了产品的特殊性能等，所以销售员必须充分了解这些内容。

2. 产品的技术含量

产品的技术含量指的是产品所采用的技术特征。一个产品的技术含量的多少，销售员应该心知肚明。在销售时，要扬长避短，引导消费者认识产品。

3. 产品的物理特性

产品的物理特性包括产品的规格、型号、材料、质地、美感、颜色和包装等。

4. 产品的效用

销售员应该知道产品能够为客户带来什么样的利益，这是应该重点研究的地方。因为消费者之所以选择购买某种产品，正是因为该产品能够给消费者带去他所需要的效用。因此，销售员应该注意以下几点：

（1）品牌价值。随着现在人们的品牌意识的提高，对于很多领域内的产品，消费者比过去更加注重产品的品牌知名度。

（2）性价比。这是理智的消费者会着重考虑的因素，在购买某些价格相对比较高的产品时，这种考虑会更加深入。

（3）特殊卖点。特殊卖点，指的是产品蕴含的新功能、其他产品所无法提供的功能等。

（4）服务。现在人们越来越关注产品的售后服务，但是，产品的服务不仅仅指的是售后服务，还包含销售前的服务和销售中的服务。

怎样做客户才会买

要想成功地打动客户，销售员就要将产品的优越性以最吸引人的方式或语句展示给客户，因而销售员自己应先对所销售的产品有一个正确的、透彻的认识，让自己成为一个产品销售专家。

推介产品要靠 AIDA 理论

销售中 AIDA 理论，也被称为"爱达"公式，这是西方销售学中的一个重要理论，在销售实践中得到了广泛的应用。AIDA 中的四个字母分别代表以下几个方面的内容：

（1）Attention：吸引客户的注意；

（2）Interest：引起客户的兴趣；

（3）Desire：刺激客户的购买欲望；

（4）Action：让客户采取行动。

这四个方面的内容也是客户作出购买决定的逻辑过程。一个成功的销售员，首先必须把客户的注意力吸引或转移到产品上，使客户对销售员所销售的产品产生兴趣，从而产生购买的欲望，进而再促使其行动，购买产品，达成交易。

1. 吸引客户的注意

AIDA 理论中的第一个词是"注意 Attention"。销售员面对客户销售时，首先要引起客户的注意，要打破客户占主导地位的局面，让他将注意力集中在你所说的每一句话和你所做的每一个动作上。

在快节奏的现代生活中，人们往往都会很忙碌，而且你的拜访通常被称为来自工作之外的干扰。如何集中客户的注意力呢？你可以用以下方法：

（1）保持与客户目光接触。眼睛看着客户讲话，不只是一种礼貌，也是销售成功的秘诀，让客户从你的眼神中看到你的真诚。只要客户注意了你的眼神，他就会把注意力放在你的身上。

（2）向客户提出问题或想法。不管你从事何种产品的销售，你都要设计出一个问题或者一番话来引起潜在客户的注意，你的问题或想法意在表明你的产品或服务可以很好地适应客户的特殊需求或需要。

2. 引起客户的兴趣

AIDA 理论中的第二个词是"兴趣（Interest）"。如果客户能满怀"兴趣"听你的产品介绍，无疑说明客户在一定程度上认同你的产品或服务，你的销售就向成功迈进了一步。

好奇之心人皆有之，客户对了解新产品和新服务会有着浓厚的兴趣，但仅仅有兴趣是不够的，你的介绍和演示还必须和客户的需求结合起来，从而才能引起他对产品的认同。

引起客户的兴趣属于销售的第二个阶段，它与第一个阶段是相互依赖的，集中了客户的注意力，才能引起客户的兴趣，而客户有了兴趣，他的注意力才会越来越集中。

3. 刺激客户的购买欲望

AIDA 理论中的第三个词是"欲望（Desire）"。也就是说，当客户觉得购买产品所获得的利益大于所付出的费用时，他就会产生购买的欲望。因此，让客户认识到产品的积极作用，是你成功实现销售的关键。

大多数情况下，产品可以激发客户的购买欲望的原因有：

（1）增加收入或节约资金。

（2）有更高的性价比，更为方便。

（3）流行、时尚，令人羡慕。

（4）可改善自己在生活或工作中的状况。

在这个过程中，销售员应该做的就是，找到产品的性能和潜在客户购买欲望的结合点，说服客户，让他相信你的产品可以让他得到这些方面的满足。

4. 让客户采取行动

AIDA 理论中的第四个词是"行动（Action）"。销售的最终目的是要让客户购买产品，这个环节你要让客户作出明确的购买决定，这样你就完成了整个销售过程。

有些销售员在向客户介绍产品的过程中，可能会打乱这四个步骤的顺序，或者忽略掉其中的某部分，这样即使每个部分都是正确的，次序乱了，也不能起到任何作用。

怎样做客户才会买

如果你想成为顶级的销售专家，想把产品顺利地卖给客户，就应该多了解 AIDA 理论，在四个方面多多努力，多练习和使用，直到将它们自如地发挥出来。

推介产品时要突出卖点

销售员在向客户介绍产品时首先要弄清楚，哪些是产品的基本性能特征，哪些又是产品的卖点。一般来讲，产品的性能特征就是指产品的具体事实，如产品的功能特点和具体构成，而产品的益处指的是产品对客户的价值，也就是该产品的卖点所在。在介绍产品时，要把产品的特征转化为产品的益处，如果不能针对客户的具体需求说出产品的相关利益，客户就不会对产品产生深刻的印象，更不会被说服购买。如果针对客户的需求强化产品的益处，客户就会对这种特征产生深刻的印象，从而被说服购买。

1. 掌握有效说明产品卖点的方式

一般来讲，无论销售员以何种方式向客户介绍或展示购买产品的好处，通常会围绕以下几个方面展开。

（1）省钱。

（2）方便。

（3）安全。

（4）关怀。

（5）成就感。

针对这些方面，销售员要根据不同的客户采用下面不同的说明方法。

（1）"产品先进的技术会给您带来巨大的效益。"

（2）"方便的使用方法会给您节约大量的时间。"

（3）"这种产品可以更多地体现您对家人的关心和爱护。"

（4）"产品时尚的外观设计可以体现出您的超凡品位。"

除了运用上面所说的说明方法，销售员应该注意的是，说明产品的卖点时，必须针对客户的实际需求展开。如果提出的产品卖点并不符合客户的需要，那么这种产品的性价比再高，也不会引起客户的购买兴趣。

2. 突出产品的优势与卖点

当客户说出愿意购买的产品条件时，销售员要将自己的产品特征和客户的理想产品进行对比，明确哪些产品特征是符合客户期望的，哪些客户的要求是难以实现的。在进行一番客观的对比后，销售员就能有针对性地对客户进行销售了。

（1）突出产品的卖点与优势。销售员要强化产品的卖点与优势，对客户发动攻势。如："您提出的产品质量和售后服务要求，我公司都可以满足您，一方面，我公司的产品的特点在于……另一方面，我公司为客户提供了各种各样的服务项目，如……"在强化产品优势时，销售员必须保证自己的产品介绍是实事求是的,并且要表现出沉稳、自信和真诚的态度。

(2)弱化那些无法实现的需求。无论销售员多么努力地向客户表明产品的各项优势,聪明的客户还是会发现,销售的产品在某些方面还是达不到理想要求,这是不可避免的。如果你的产品达不到客户的要求,可以运用以下两个方法来弱化客户的异议:其一,只提差价。这种方法适用于很多产品的销售。如:"只要多付1 000元,您就可以享受到纯粹的夏威夷风情。"其二,进行贴近生活的比较。这要求销售员对自己的产品要有较深的理解,并且这种理解符合大多数人的生活习惯。如:"您只要每周少抽一包烟,购买这个产品的钱就出来了。"

怎样做客户才会买

优秀的销售员都明白,在进行关于产品说明的时候,不能仅以产品的各种物理性能为限,因为这样做,很难使客户动心。要使客户产生购买的念头,还必须在此基础上为客户勾画出一幅梦幻般的图景,这样才能大幅度地提升产品的迷人魅力。

卖产品不如卖效果

销售员销售的对象是产品,但是你应该明白的是,有时候卖产品不如卖效果。

比如别墅、名车、高尔夫会员资格等高级别的产品,它们往往是地位与身份的象征,所以,你就应该在这个"地位与身份"上大做文章;汽车、音响、录像机、旅行、空调设备,是人们追求舒适和欢乐所要求的,所以,对这类产品,你就要不遗余力地向客户强调它们的使用效果及卖点所在;对于微波炉、复印机、全自动洗衣机、电脑等产品,你应该在功能和经济性上给对方以"利诱";

而对于钢琴、大型音响设备、昂贵的化妆品、珠宝等,可以称之为"奢侈品",你便可以抓住客户的虚荣心大加渲染。

一位著名的销售员曾说过:"如果你想勾起对方吃牛排的欲望,将牛排放在他面前,固然有效。但最令人无法抗拒的是煎牛排的'吱吱'声,他会想到牛排正躺在黑色的铁板上,'吱吱'作响,浑身冒油,香味四溢,不由得咽下口水。"正是这种"吱吱"的响声使人产生了联想,刺激了人的欲望。

为了使客户产生购买的欲望,仅让客户看产品或进行演示还是不够的,同时还必须对他们加以适当的劝诱,使他们的头脑中呈现出一幅美景——该产品的良好使用效果。

有一位销售空调的高手,他从来不滔滔不绝地向客户介绍空调机的优点如何如何,因为他明白,人并非完全因为东西好才想得到它,而是由于先有相应的需求,才会感到东西好。如果没有需求,东西再好,他也不会买。

所以,他在销售产品时并不说"这样闷热的天气,如果没有冷气,实在令人难受"之类的刻板的套话,而是把那些有希望购买的潜在客户,想象成刚从炎热的阳光下回到一间没有空调的屋子里,然后再诚恳地对他说:"您在炎热的阳光下挥汗如雨地工作后回家来了。当您一打开房门,迎接您的是一间更加闷热的'蒸笼'。您刚刚抹掉脸上的汗水,可是额头上立即又渗出了新的汗珠。您打开窗子,但一点儿风也没有;您打开电扇,吹来的却是热风,使您本来就疲劳的身体更加劳累。可是,您想过没有,假如您一进家门,迎面吹来的是阵阵凉风,那将会是一种多么惬意的享受啊!"

怎样做客户才会买

抓住你的产品会导致的效果,有侧重地加以说明,便会恰到好处地吸引住你的客户。

一次示范胜过一千句话

在销售访问的开始阶段,为了引起客户的注意,销售员利用语言抽象地介绍了产品的某种特性,可以说产品的特性宣传形成了客户兴趣的基础。要继续保持客户的注意力,强化客户兴趣的产生。销售员就应进一步证实这些具体特性确实存在,且能为客户相信并采纳。销售专家们认为,证实的方法通常是示范,销售员通过示范让客户亲眼看到产品的特性,就更容易使客户产生兴趣,进而产生购买的冲动。

那么,怎样采取主动示范形式去促使客户对产品产生兴趣呢?

1. 表演示范法

在销售对象面前,为了增加示范的表现能力和感染能力,销售员应该学会一定的表演技巧。表演示范的主要方法是做动作,有时连色彩、音响、气味等都可以作为表演示范的辅助手段。比如,兜售洗涤剂的销售员,可先往自己穿的衣服上倒上墨汁,然后当场敷上洗涤剂冲洗干净,他边做边讲,就会引起人们浓厚的兴趣,使人不得不相信洗涤剂的去污性能。一个起重机销售员,为了向客户说明他的起重机操作简便省力,可以让一个小学生(在保证绝对安全的情况下)在众多的客户面前现场操作他的起重机。

有时,销售员用一点戏剧化的手法进行示范,可以大大增强表演示范的效果。在做表演示范之前,销售员应该经过精心设计,仔细研究表演示范的程序安排与艺术处理,千万不可草率行事,否则画虎不成反类犬,欲速则不达。

首先,销售表演应该给人新鲜感,不要重复老一套。

比如,为了证明汽车轮胎的结实程度,销售员可一改往常用铁锤敲打车胎的表演方法,而是使劲在车胎上面敲铁钉。更有甚者,有的销售员还举枪向车胎射击,然后再让客户检查结果。

当然应该指出,在追求表演新鲜感时销售员不要故弄玄虚,多此一举,否则会招致现场人员的反感。

比如一位卖吸尘器的销售员在上门访问时，为了证实产品的良好性能，就顺手抓了一把沙土撒在人家的地毯上，然后自顾自地做吸尘表演，随后他问主顾："感兴趣吗？瞧这种吸尘器多棒！"对方却一脸恼怒地答道："没兴趣，因为不会有人把沙土撒在自家的地毯上。"销售员弄巧成拙，只好怏怏退出。

其次，表演时应该注意言行动作的优美性，切不可片面追求轰动效应而出言不逊，动作粗鲁。

最后，表演要有计划，就像导演的电影剧本一样，示范中应反映出销售员精心安排的情节和具体表演的进展程序。有时，销售员在表演中加进一些戏剧性的内容，也能够更好地增强示范表演的艺术效果。

2. 写画示范法

这是一种独特的示范方法。销售员有时可能无法携带实物样品，不能进行实物演示和操作讲解，但只要销售员掌握了产品的资料、数据、图片、模型，就可用纸与笔把所销售的产品介绍给客户。

销售员运用纸和笔以及图表画册来宣传产品的形式很多：

比如商场销售电视机，为了激发客户对电视机的兴趣，销售员总喜欢列举许多数据来说明种种问题，这时如果销售员用纸和笔把一些数据写下来（如："21英寸，显像管寿命12 000小时""已出产此型电视机30万台，占本地市场35%"），当面交给客户，这样就会有明显强化客户购买兴趣的效果。

在销售场合，值得注意的是：写画示范的目的在于证明你在销售之初向客户介绍产品的特性，借以引起客户对产品的兴趣。因此，只要写画出你想说明的东西就够了。关于这一点，销售员在介绍客户不太熟悉、结构又比较复杂的产品时必须注意。

无论销售哪种产品，都可以进行写画示范。对于客户来说，产品越新型、越精密复杂，就越有必要把你的销售介绍具体化。销售员如会画画，可以在客户面前利用一些图案、表画来加强自己的表达能力和说服能力。

对某些一时无法在现场展示的产品，如房屋、车船铺位、宾馆房间，销售员可用纸笔画出简单的示意图就能很好地说明问题。房屋的式样和内部构造示意图、车船铺位示意图、宾馆房间的层次与方位朝向示意图，要比销售员口头描述显得更准确、更生动形象，往往在客户心目中留下栩栩如生的感观印象。

比如，销售员要说明产品的使用寿命比别的同类厂家产品长两倍时间，就可以画两个长方形，其中一个比另外一个高出两倍。销售员只要充分发挥自己的聪明才智和丰富的想象力，形之于图案就可以更鲜明生动地说明所销售的产品，从而引发对方的购买意愿。

怎样做客户才会买

促使客户产生兴趣的阶段就是向客户进行示范的阶段。在示范过程中，通过特定的动作和场景，销售员运用各种各样的方法向客户展示某件产品的特性或某项服务的优点，对方的兴趣便会油然而生。

产品示范力求印象深刻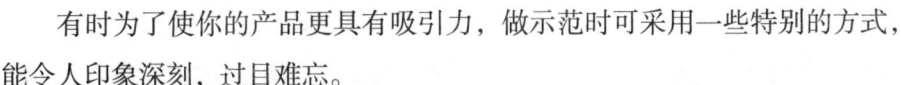

有时为了使你的产品更具有吸引力，做示范时可采用一些特别的方式，能令人印象深刻，过目难忘。

下面就是一些较好的产品示范示例。

一个油污清洗剂销售员所采用的示范方法是用他销售的清洗剂把一块脏布洗净，借以说明他的产品效果好。后来，他改变了示范方法，他把穿在身上的衬衣袖子弄脏，然后用他的油污清洗剂洗净。这样做示范的效果同以前就大不一样了。

一家胶水生产企业的销售员，让客户在一页纸的一端上涂抹胶水，然后把带胶水的一端贴在一本厚厚的电话号码簿上，用这页纸把号码簿提起来。

他以这种方法向客户示范胶水的黏合力。

在向客户介绍、推广一种新的速干墨水的时候，销售员让客户把自己的姓名写在一张纸上，然后马上用手在纸上揩擦，证明字迹牢固。

一个强化玻璃销售员身边总是带着一把大榔头。在向客户做示范时，他用榔头猛力敲打玻璃。

为了显示帆布结实耐用，有个销售员总是把一把剪刀和一块帆布样品递给客户，让他们亲身体验把帆布剪成碎块是如何困难。

一个起重机生产商，为了向客户说明他的超重机操作简单，曾让一个小学生操作他的机器。

一家跨国公司的销售员，为了向客户证明他们公司生产的电子计算机的按键富有弹性、灵敏度强，他们用一根香烟触摸按键。

因此，要想使客户接受你的产品，销售员在对产品进行示范时，要特别注意产品要给客户留下深刻的印象。即使客户暂时没有购买需要，这次的销售可能没有成功。但是，当客户对此类产品产生需要的时候，那么，他首先就会记起你曾经向他介绍过的产品，这样，你的产品与其他同类产品相比，在客户心里就占据了优先选择的位置。

怎样做客户才会买

在进行客户拜访的准备工作时，销售员不妨这样问一问自己：你要向客户示范些什么呢？只有对这个问题作出了正确回答，做示范的目的才更明确，效果才会更好。

调动客户的听觉、嗅觉、味觉、触觉

你在销售产品的时候，必须让客户对你的产品感兴趣，要让他陶醉在你的产品之中，你要让他闻闻产品的味道，摸摸产品以获得手感，你要让他站在特定的角度来欣赏产品。

你要让客户充分地感受这个产品，让他操作或试用这个产品，以激起他强烈的购买兴趣。

对客户进行说服，要尽可能将客户模糊的幻想变得具体化。想要调动他们的积极性，你必须尽可能地调动他们多方面的感觉器官。

你可以利用触觉，例如卖化妆品的时候，你可以让她抹一抹，然后告诉她："这瓶化妆品你抹在脸上是不是感到很润滑但不油腻？"

如果你销售的是纸张，你可以让他们摸一摸："你摸一摸这纸张的质地是不是很光滑？撕开一张看看里面的纤维是不是很均匀？再闻一闻是不是有一种清新的纸香气？"

在客户亲自动手感受的同时，再引导客户感受产品的好处，客户更容易找到感觉，才会有购买的兴趣。这比你做示范更有说服力。让客户亲手操作的好处是引发客户的购买欲望，对他们的感观进行全方位的说服，而愿意试用产品的人至少有一半购买的意愿。

如果你要销售一处度假中心。你可以通过构图，全方位地调动客户的感官世界，从而引起客户的想象。

听觉——"你是不是想听到海浪冲击的声音，还有海鸥的叫声？"

嗅觉——"你是不是希望闻到松树或刚刚收割的稻秆的香气？"

味觉——"你是不是愿意去逛逛那里的乡村商店？你愿不愿意拿起那里的草莓，尝一粒——那酸酸、甜甜、花蜜般的味道？"

触觉——"您是不是愿意坐在一支独木舟上，悠闲地划桨？"

要想充分调动客户的兴趣，问句的形式要比陈述句的形式效果更佳。例如：下面两句话哪一个更能引起你的注意呢？

这款音响设备可以让你的生活更加时尚，更加有乐趣！

你是不是希望自己更加时尚，更加有乐趣？

问句的形式更能激发客户的兴趣。当客户被提问时，注意力一般都比较集中。但要注意：在任何情况下，只要你以问句的形式推出你的诱饵，你要在30秒钟内自己回答，如果只问不答，对方就会认为你是在质问对方或者认为你也不知道答案。

如何说客户才会听

在进行产品介绍和示范时，应该抓住良机，全面调动客户的感觉，进一步唤起客户的购买欲望，帮助客户得出结论，从而一举达到销售产品的目的。

对产品的介绍要客观

销售员为了销售产品，增加业绩，往往会对产品进行有效的宣传，但任何一种宣传都要诚实，要实话实说，要对消费者负责。

不能为了一时的销售业绩，就过度地去介绍产品的优点，甚至去夸大产品的性能和价值。

销售员向客户介绍产品的过程，是努力促成交易的过程，是需要展示产品特色和优点的过程。只有努力张扬产品的好处，吸引客户的兴趣，才能保证销售工作顺利进行。但在这个过程中，过分夸大产品的优点，势必让对产品市场比你还了解的客户因此不再信任你；不知情的客户购买产品后，如果发现产品并没有你所夸耀的好处，就会对你产生抗拒和厌恶的情绪，不会再继续购买你的产品。

那么，销售员应该如何做到客观地向客户介绍产品呢？

1. 要客观地介绍产品

销售员在介绍产品的时候，要尽量保持简单明了。这样不但可以突出产品的特性，还让客户容易接受。

"这种无油烟炒锅，炒菜时不但没有油烟，还不会糊锅。"

"这款手机虽然价格便宜,但支持蓝牙、红外线和数据线,扩展功能强。"

"这种复印机只要扫描一次,就可以复印很多次,而且每次复印效果同样清晰。"

销售员应该注意,在介绍产品使用的资料时,要绝对真实可靠,因为它展示的是该产品的主要功能和特性,如果存在虚假信息,必然会产生不利的影响。

2. 介绍产品时要扬长避短

任何一个产品,都存在好的一面以及不足的一面。作为销售员,应该站在客观的角度,清晰地分析产品的优势,对于产品的缺点,要懂得尽量去回避,而不是去欺瞒客户。

扬长避短是一种口才技巧,其目的主要是为了转移客户的注意力,要大力强调产品的特色和优点,而对于客户没有提到的产品缺点,销售员就不要画蛇添足地多说,否则就会令自己的产品缺点曝光,阻碍销售工作的顺利进行。

3. 重点介绍产品的优点

客户购买产品,必然是他认为这种产品给他带来的收益和好处超出了付出,一般来讲,客户都希望产品可以提供以下功效:

(1)带来更多的收益。

(2)节省时间和精力。

(3)身份和地位的象征。

(4)满足健康和安全的需求。

(5)时尚的、引人注目的、品位的体现。

因此,销售员在向客户介绍产品时,仅仅是说明和示范产品的特性是不够的,还要根据客户的实际需要,找出客户最关心的点,然后用产品中可以满足这一需求的优势,向客户重点介绍,这样才能真正打动客户。如果客户一旦觉得你的产品的某些优势正是他所需要的,即使他明白产品存在一些缺陷,还是可以接受的。

因此，当销售员在对客户进行产品介绍时，要在避免夸大优点的基础上，认真琢磨产品的特性是如何让客户受益的，然后针对不同的客户的关注点，有目的地采用不同的介绍方式。

怎样做客户才会买

销售员在销售产品时要正确评价产品的功能、价值、质量，掌握分寸，进退有度，任何话说过了头，都会起到相反的作用。

第四章
玩得转情感，玩得转买卖

先交感情，后做买卖

销售员与客户交谈，绝用不上什么高深理论，最有用的可能是那些最细微的、打动人心的情感话。

因为客户对销售员的警戒是出于感情上的，要化解这种警戒，理所当然，"解铃还须系铃人"，除了用感情去感化，理论是无济于事的。

"空中客车"公司是法国、德国和英国合营的飞机制造公司，该公司生产的客机质量稳定、性能优良。但是，因为它是20世纪70年代新办的企业，外销业务一时难以打开。为改变这种被动局面，公司决定招聘能人，将产品打入国际市场。贝尔那·拉第埃正是在这一背景下受聘于该公司的。

当时，正值石油危机，世界经济衰退，各大航空公司都不景气，飞机的外销环境相当艰难。虽然如此，拉第埃还是挺身而出，决定大展身手。

拉第埃走马上任遇到的第一个棘手问题是和印度航空公司的一笔交易。由于这笔生意未被印度政府批准，极大可能会落空。在这种情况下，拉第埃匆忙赶到新德里，并且会见谈判对手印度航空公司主席拉尔少将。

在拉尔接见他时，拉第埃对他说："是您使我有机会在我生日这一天又回到了我的出生地。"接着，他介绍了自己的身世，说他于1924年3月4日生于加尔各答。

拉尔听后深受感动并邀请他共进午餐。拉第埃见此情形，趁热打铁，从公文包中取出一张相片呈给拉尔，并问：

"少将先生，您看这照片上的人是谁？"

"这不是圣雄甘地吗？"拉尔回答。

"请您再看看旁边的小孩是谁？"

"就是我本人呀！那时我才3岁半，随父母离开印度去欧洲途中，有幸和圣雄甘地同乘一条船。"

拉第埃说完这些话，拉尔已经开始动摇了。当然，最后这笔生意也就成交了。

拉第埃的销售方法，就是典型的"情感销售"例子。他首先说的一句话既巧妙地赞美了对方，又逗起了对方听下去的兴趣；接着，他由自己生平的介绍解除了对方"反销售"的警惕和抵抗，拉近了双方的距离；最后，又用甘地的照片彻底打动了对方，由此而产生感情共鸣，而这种感情共鸣产生的时候，也正是成交的时机，可以说，拉第埃的这次生意，是情感销售的完美范例。

怎样做客户才会买

在产品的销售过程中，人情销售无处不在，要想做好销售工作，就要不断地撒播人情，让客户感觉到你的真心。

拿下客户，情感打头阵

这是一个情感经济的时代，情感正在创造财富，情感正在创造品牌，情感正在创造一切。情感营销时代，因此，一定要摒弃饮鸩止渴式的价格战，创造"魅力产品",营造"情感品牌",进行"友好营销"。

从名贵的香水到价格堪比黄金的名牌服装、手袋。高端产品之所以"暴走"人们的眼球,当然不只是因为这些奢侈品的工艺多么复杂,原料多么珍贵,而是将一种非同寻常的情感体验融入产品当中,让拥有奢侈品的人感到身价百倍。

在一个炎热的午后,有位穿着汗衫,满身汗味的老农夫,伸手推开厚重的汽车展示中心玻璃门,他一进入,迎面立刻走来一位笑容可掬的柜台小姐,很客气地询问老农夫:"大爷,我能为您做什么吗?"

老农夫有点腼腆地说:"不用,只是外面天气热,我刚好路过这里,想进来吹吹冷气,马上就走了。"

柜台小姐听完后亲切地说:"就是啊,今天实在很热,气象局说有32摄氏度呢,您一定热坏了,让我帮您倒杯水吧。"接着便请老农夫坐在柔软豪华的沙发上休息。

"可是,我们种田人衣服不太干净,怕会弄脏你们的沙发。"

柜台小姐边倒水边笑着说:"有什么关系,沙发就是给客人坐的,否则,公司买它干什么?"

喝完冰凉的茶水,老农夫闲着没事便走向展示中心内的新货车东瞧瞧,西看看。

这时,那位柜台小姐又走了过来:"大爷,这款车很有力哦,要不要我帮你介绍一下?"

"不要!不要!"老农夫连忙说,"你不要误会了,我可没有钱买,种田人也用不到这种车。"

"不买没关系,以后有机会您还是可以帮我们介绍啊。"然后柜台小姐便详细耐心地将货车的性能逐一解说给老农夫听。

听完后,老农夫突然从口袋中拿出一张皱巴巴的白纸,交给这位柜台小姐,并说:"这些是我要订的车型和数量,请你帮我处理一下。"

柜台小姐有点诧异地接过来一看,这位老农夫一次要订8台货车,连忙紧张地说："大爷，您一下订这么多车，我们经理不在，我必须找他回来和您谈，同时也要安排您先试车……"

老农夫这时语气平稳地说："小姐，你不用找你们经理了，我本来是种田的，由于和人投资了货运生意，需要买一批货车，但我对车子外行，买车简单，最担心的是车子的售后服务及维修，因此我独生子教我用这个笨方法来试探每一家汽车公司。这几天我走了好几家，每当我穿着同样的旧汗衫，进到汽车销售厂，同时表明我没有钱买车时，常常会受到冷落，让我有点难过……而只有你们公司，只有你们公司知道我不是你们的客户，还那么热心地接待我，为我服务，对于一个不是你们客户的人尚且如此，更何况是成为你们的客户……"

促成这个结果的关键在于：柜台小姐在叙销售的过程中增添了一个情感体验的环节。而这个情感体验充分满足了老农夫的情感和心理需求，深深打动了老农夫的心。

在现在的市场竞争中，虽然各种促销方法层出不穷，但不得不承认，已经进入情感消费时代的人们越来越注重在购买过程中的感情体验。客户购买产品所看重的已不是产品数量的多少、质量好坏以及价钱的高低，而是为了一种情感上的满足，一种心理上的认同。情感销售从消费者的情感需要出发，唤起和激起客户的情感需求，诱导客户心灵上的共鸣，寓情感于销售之中，让有情的销售赢得无情的竞争。

怎样做客户才会买

要让情感销售发挥效用，销售员要做的是带领客户进入情感体验，让客户体会到你的真情。

打开客户情感阀门，打开销售大门

销售员与客户的交际是要投入感情的，就好像是在"谈恋爱"，能够把恋爱技巧运用到销售上的人也许是成功者。

试想如果你看上一个女孩，第一次见面就跟她大谈特谈高深的数学、物理、逻辑，那你注定要失败。而同样，销售员如果与客户一见面就大谈产品、谈生意，谈些深邃难懂的理论，那他一定会商场失意。

下面介绍一位著名律师运用情感而获得成功的例子。

这位律师一向是以能言善辩说服陪审员而获得成功的，因此名声大噪。但是有一次他碰上了一位非常顽固的陪审员，他与这位陪审员辩论了几十分钟，却毫无成效。

第2次审判开庭时，律师甚觉头疼此事，他看见那位陪审员坐在第2排的第7位，便忽然灵机一动，转身对审判长说："审判长阁下，请把正面的窗帘拉下，因为第2排第7位的陪审员先生感到阳光刺眼。"

那位陪审员顿时不好意思起来，忙起身微笑道谢，其顽固的意志也因此冰消雪化了，于是成为站在律师一边的人了。

这就是律师运用情感作为武器，轻易攻克了对方的心理防线。

那些善于辩论，说起话来一套一套的销售员，却在商场上四处碰壁的，也不乏其例。

有位销售员S君刚刚大学毕业，曾是大学辩论会的优胜者，便自以为口才非凡，而自鸣得意，目中无人。可他工作了几个月，成绩却十分落后。请看下面一段他与客户的对话，就可知其因了。

"我们现在不需要。"

"那么是什么理由呢？"

"理由？总之我丈夫不在，不行。"

"那你的意思是，你丈夫在的话,就行了吗？"（S君出言不逊,咄咄逼人）

"跟你说话怎么那么麻烦？"

S君碰了一鼻子灰出来，还对别人说："我说的每句话都没错呀，她怎么生气了？"他以为自己的语句合乎逻辑推理，却不想想他的话一点不合人情。

因为客户对销售员的警戒是出于感情上的，要化解之，理所当然，"解铃还须系铃人"，除了用感情去感化，理论是无济于事的。

怎样做客户才会买

情感因素是人们接受信息渠道的"阀门"，情感能够叩开人们的心扉，引起客户的注意。销售员要善于运用情感因素来打动客户的心，促进销售的成功。

巧用苦肉计，赢得大买卖

在战场上，敌我双方是你死我活的关系，任何计谋都建立在消灭敌人的基础上。但是，商场不同于战场。在商场上，尽力做到双赢甚至多赢，才是持续发展之道。苦肉计在商场上的运用，就是为了激发客户的同情心。

曾经有一个销售员，向一家位于郊区的公司进行销售，几个月下来，毫无进展。这一天，他按照约定再次前往销售。不料，车子在半路上抛锚，前不着村，后不巴店，没有公交车，甚至顺风车也没有。他一咬牙，就在大太阳下迈开了双脚。赶到那家公司，见到对方经理后，这位销售员一头晕倒在地。

等他醒来，对方立即表示要和他签约，宁可放弃另一家公司销售员承诺的优厚条件。这位"幸运的"销售员喜出望外，问对方为什么这么做，对方说："你竟然冒着烈日赶来，差点丢了一条命，我们实在是太感动了。你这样的人，我们信得过！"

如果你和对方约好商谈时间，正是施展苦肉计的最佳时机，太阳、风、雨、雪，都能为你所用。固然，一身清爽地出现在对方面前可以抬高你的身价，还可以强化你的专业形象，但被晒得喉咙冒烟，被雨淋得像落汤鸡，被风吹乱发型，被泥泞弄脏鞋袜和裤子等，都会使你看起来更像一个比较脆弱的人，从而激发对方的爱心。同情弱者是人类的本能啊。

所以说，要想成功地借外物运用苦肉计，做到顺其自然，自然而然就可以了。

既然有借外物的苦肉计，那么肯定会有取自内心的苦肉计了？当然有！请看一个女保险销售员是怎么做的。

她特别擅长使用连连叫苦的苦肉计。面对主妇，她总是先说起养育孩子的事情。双方有共同语言，当然越说越起劲，话题逐渐转到了养孩子的艰难上：学杂费高、升学难、孩子淘气……唉声叹气差不多了，她再把话题转到自己身上，向对方大倒苦水："又要带孩子，又要工作，可真难啊！"由于已经产生了太多的共鸣，对方又因自己的优势——相对稳定的工作和收入——抱有优越感，签约便是水到渠成了。

任何一个计谋，都不是一个教条，而是一种思路。照搬教条，必败无疑；掌握思路，战无不胜。那么，苦肉计的思路是什么？

首先，认定每一个人都有同情心，而同情心的背面是一种优越感。

其次，采取适当的方式，展示自己的"苦难"（但绝对不要自残、自贬），以激发他人的优越感，从而产生同情心。

有趣的是，苦肉计也是一个拒绝销售的绝好计谋。相信每一个销售员都碰上过"现在很困难！""没钱！""没有空职位！"等诉苦的借口。这时候，就看销售双方的功力高低了。

怎样做客户才会买

好好记住苦肉计的原则和诀窍，反复演练并实践，做到通晓苦肉计的一切奥秘！到那个时候，你还用得着担心产品卖不出去吗？

和客户谈一场"恋爱"

请扪心自问:你就没有努力使过手段,制造机会,让自己达到目的,获得所追寻的东西吗?

或许你根本没有意识到这一点,因为你不是在"卖"什么。举例来说:

若是你已婚,请回想当年,浓情蜜意时刻,是如何向她求婚的?

你当然是千方百计不想让这份"合约"被拒绝吧?那时候,你用的正是我们销售高手的战略,同样的手法,只是不自觉地用在个人生活上面了。

求婚时,你一定是尽量显示自己出色的一面。有时候,高手们甚至会别出心裁,来个惊天动地的大行动,为的也是销售自己的主张。

比如说,你想在交通要道租个大广告牌,上书:"××,我爱你!"盼望的是被呼唤的人深深被打动,进而无法拒绝。为了自身的"销售台词",你的演出一定少不了月光、烛光之类的罗曼蒂克。

反正你绝不会认为在早上乘地铁上班时,是说那种话的好时机吧。

而求婚的言辞,必定是充满感情的,在不自觉间沛然涌出,就在今天,此时、此地,你非要拥有她不可。被拒绝是不行的。因此,你成功了。"胜利"之后,自然是要满心欢喜。决定性的关键是感情,绝不是理性剖白,诸如:我会努力存钱装修房屋,请个佣人之类的。或者是:有太太烧饭,那我就不用花钱下馆子了。

有没有发觉?你几乎有意无意间已用上了销售理论的所有高招:

(1)你有坚定的意向,销售自己。

(2)为"销售策划"时间、地点和行为,就像制作演出一样。

(3)想办法展现自己的优点(不是一味吹嘘),因为想维持久远的关系。

(4)投注浓重感情。

(5)抛开所有自私想法,你也会确信这份奉献,婚姻为你的对象带来快乐幸福,是完全有利的建议。

（6）对为达目的而使用的各种计谋，而丝毫没有不道德的感觉。

虽然不见得所有的求婚情况都如此，但你要相信，大部分都是因为有销售手法才成功的。在销售工作中有不少与求爱过程类似的地方，比如上门拜访前的准备与同情人约会的准备就有很多相同点，向客户提出成交的请求与向姑娘求爱也有异曲同工之妙。

应当说，一个经历过恋爱的销售员会懂得更多的销售知识，你不妨回忆一下先前谈恋爱时的情形：在第一次约会之前，你会考虑如何以最佳方式跟姑娘交谈，穿什么式样的服装，并计划约会后的交往安排，随着双方约会见面次数的增加，彼此之间的情感也逐渐增强了。大多数求婚者不会直截了当地跟意中人说："你嫁给我好吗？"假如小伙子用这样的方式追求女朋友，很可能当一辈子单身汉。

在销售产品时，销售一方面对大多数客户不能贸然提出："你买我这些产品，行吗？"这时，销售员应当采取类似求爱的策略促成交易。这种方法之所以微妙，在于即使在没有把握的情况下，也不失体面。

怎样做客户才会买

如果每一次谈生意都能事先努力规划，像准备求婚一样，那么成功的指数一定会提高一大截。

成功地唤起客户爱的需要

情感经常是促进客户购买行动的助力，不论是购物的判断还是决定应对的态度，皆由情感出发。

当销售员诉说过去的悲伤，客户将会陪着他沉湎于回忆之中，销售员的坦诚会令客户感动，这种利用感情的谈话是促销的最好方法。

销售员还要注意情感的适当运用，否则，会使客户心里感到烦乱，交易势必失败。如果你所诉诸的情感具有正当理由，让人感觉真实，他便会因对你产生好感而产生购买欲望。随着你的喜悦、悲伤，客户也会表达出他们内心真正的感受。

某一年情人节的前几天，一位销售员去客户家销售化妆品，这位销售员并没有意识到再过两天就是情人节。

男主人出来接待他，销售员劝男主人给夫人买套化妆品，他似乎对此挺感兴趣，但就是不说买，也不说不买。

销售员鼓动了好几次，男主人才说："我太太不在家。"

这可是一个不太妙的信号，再说下去可能就要黄了。忽然，销售员无意中看见不远处街道拐角的鲜花店，门口有一招牌："送给情人的礼物——红玫瑰"。这位销售员灵机一动，说道："先生，情人节马上就要到了，不知您是否已经给您太太买了礼物。我想，如果您送一套化妆品给您太太，她一定非常高兴。"

男主人眼睛一亮。

销售员抓住时机又说："每位男士都希望自己的太太是最漂亮的，我想您也不例外。"

果然，男主人笑了，问他多少钱。

"礼物是不计价钱的。"

于是一套很贵的化妆品就销售出去了。后来这销售务员如法炮制，成功销售出了数套化妆品。

销售员在向客户销售的过程中要尽量避免使用虚假的情感，虽然情感是说服他人的一大利器，但虚假、伪装的情感一旦被人识破，后果将不言而喻。

怎样做客户才会买

情感在销售中的作用是微妙的，销售员要懂得运用各种方法调动和激发客户的情感，营造有利于销售的气氛。

送个人情，赚个买卖

销售是一个人情练达的艺术。向对方显示了你的诚意还远远不够，还要让对方觉得自己是被区分对待的，是"与众不同的"。出于投桃报李的心态，客户很有可能因为回报你一个人情而成交。

如果要增进感情，你则要把关注的对象着眼于客户本人，以及他的家人，只要客户家人和你建立了密切的关系，就不愁客户本人跟你的关系会不好。

某公司的销售员在长沙长驻了两年，一直没有和客户在一起好好吃过一顿饭，因为客户经营有好几个公司，每天都是东奔西跑异常繁忙。但是销售员发现这个老板即使每天再忙，都会找时间给自己在读高中的儿子打个电话。顺藤摸瓜，这位销售员找到了突破口。

原来，这位老板的儿子喜欢学英语，销售员便每周找出一天的时间请老板的小孩去参加周末的"英语沙龙"。这样一段时间后，不仅孩子的英语成绩提高了，老板也从此对这个其貌不扬的销售员"刮目相看"。

给客户送人情不仅是销售员压身秘技，更是获得自我长足发展的条件之一。

温州人被称为中国的犹太人。温州商人每天下午三四点钟就开始打电话给客户，邀请客户参加晚上的小型聚会，以这种方式和客户联络感情。

温州人与客户做生意时都有一种共同的想法，那就是不仅愿意在客户身上花些小钱，更舍得投入精力和情感。舍得在客户身上花时间、花精力、投资情感，这正是温州商人的成功秘诀。就是靠着这种感情投资，他们走遍全中国，走遍全世界，成为中国的犹太人。

故事中的销售员和温州商人之所以成功，就是熟稔"人情练达"的学问。在中国式的"人情"中，充斥着一个简单而切实的定律"互惠定律"。每个人都会有这样的心理：对于别人的付出，授予方总会给予对方平等或者稍高一点的回报，如果不这样做，自己的心里就会产生一种负债的感觉。用通俗的话来说，就是只要你收了"人情"，就要懂得"还人情"。如果你一直"欠人情",则会感到一直有一种无形的"道德压力"。对于销售员来说,能够巧妙利用"互惠定律",就是将客户牢牢把握在自己手中。

"互惠定律"是帮助销售员解决与客户之间如何建立信任关系的秘密武器,尤其是在最初与客户洽谈销售的时候,是大有可为的。那么对于销售人员来说,要怎样结合这个定律对客户进行销售呢?

(1)销售人员要尽量帮助客户多做一些事情,比如给他分享一些想法、送给他一些他需要的资料并能主动帮助客户解决某个问题等。

(2)基于"互惠定律"的原理,客户自然而然会回报你(即使你没有要求,客户也会这么做,同时销售员越是没有要求过回报,客户的回报感反而会越强)。客户回报你的最好方式之一就是愿意回答那些较高压力问题。

"互惠定律"的力量在于,即使是一个陌生人,如果先施予一点小小的恩惠然后再提出自己的要求,也会大大提高对方答应这个要求的可能。这个使人们产生负债感的恩惠并不一定是他主动要求的,完全可能是强加到对方头上的。而即使这个好处是不请自来的,这种负债的感觉还是照样存在。

怎样做客户才会买

中国是一个讲究人情的国度,只要有一个"情"在,事情会办得比较顺利。如果你让客户感到欠你的人情,那么下次你客户做销售时,客户出于感激的心理,就会购买你的产品。

第五章
好买卖是"激"出来的

让客户产生紧迫感

在销售垄断性产品或稀缺性产品时,销售员就可以用适当的言语向客户制造紧迫感。譬如,一家房地产经纪公司对一处住宅拥有独家销售权,你要是只想买这套房屋的话,那你不和他交涉就不可能把它买到手!

当琼斯去看一套待出售的房子时,她第一眼就喜欢上了它。精明的经纪人敏锐地看出了这一点,他说:"房主急于卖掉这套住房,他们最初报价太高,但现在已经降下来了,我认为这个价格要不了几天就能把房卖出去。我知道你也很想买?所以我建议你立刻作决定。我今天早上已经带一对夫妇来看过,他们表示很有兴趣。另外,我们还有两位经纪人也准备今天下午带人来看房。"

上述那位经纪人正是采取了给客户制造紧迫感的方法:要她赶快买,否则就没有了。这种方法能够充分调动客户的抢购心理。想一想,你肯定也参加过抢购,你当时是怎样的一种心情呢?如果你能调动自己的客户,使他具备这样的心情,不怕他不与你签约。

所以,对待那些不能作出果断决策的客户,一个最好的办法就是人为地制造一种紧迫感。只要你仔细考虑,无论你销售的是什么产品,你总会想出使其产生这种感觉的好办法。

1. 利用"特价"来创造紧迫感

例如，销售员会对他的客户说："本公司月初将大幅度提高产品售价，现在，只有两天时间了，所以我建议您今天就作出决定。"

负责复印机销售的销售员会通知他的客户，公司对复印纸的特价优惠日期截止到本星期末。

不动产经纪人也许会告诉他的委托人，如果他还不能作出决定，他就要自付不动产税。这样，客户会觉得如果不把握住这个机会，将会造成极大的遗憾，紧迫感也就因此而产生了。

紧迫感一旦产生，客户就自然而然地要作出购买的决定。

无论用什么方法，只要能创造一种紧迫感，就可刺激客户尽快作出购买决定。

2. 利用"明天就太晚了"来向客户施加压力

在人寿保险业做到这一点并不太困难。客户的健康状况随时会发生变化，也许，一天的延误就可能意识着他明天就失去了投保资格。作为保险业的销售员，你最好这样对客户说："先生，我们都没有办法从水晶球中去看未来，但愿您能在取得保险资格前健康长寿。不过您也应该很清楚，如果在这之前发生了意外，这对您的家庭将是多么大的损失。我们希望您能尽快取得保险。"

这样，一种"明天就太晚了"的意识就产生了，并且，这种感觉会随着一个人年龄的增加而加强。

怎样做客户才会买

巧妙地向客户施加压力，让客户产生紧迫感，是促成销售成功的一个重要技巧。

唤起客户的忧虑

乔治·汤普逊是一位 35 岁的塑胶业从业者，已婚，有两个孩子，年收入在 6 万元左右，而且每年都要付一笔总数约为 3 万元的房屋抵押贷款，已有一份 3 万元的保险，但就是在这种情况下，保险销售员麦克还是成功地向他销售了一份价值 17 万元的保险。

下面我们看看麦克是如何说服他的客户乔治的。

"乔治，您现在事业顺利，身体状况良好，但是，虽然我们不喜欢谈那些不吉利的事，可是万一你出现了什么意外，您的夫人怎么办？她能挑起生活的重担，把两个孩子抚养大吗？在大多数的情况下，一家之主发生了意外，那整个家庭就会随即陷入困境。如果因没能按时交房屋贷款，银行又要求收回房屋，那么情况就会更加不可想象了。您想想看，到那时候该怎么办？"

"我已经买了一份 3 万元的保险呀，我想这大概够了吧！"

"这张保单当然是能够起到一定的作用，可是您想想看，您现在的房屋贷款是 3 万元，所以这张保单保的不过是一年的贷款的数额。如果还有一大笔的其他费要支付的话，您又该怎么办？这些钱加起来至少也要 5 万元吧，需要花钱的地方真是太多了！"

"那我老婆可以去找工作做呀！"

"工作哪有那么容易找呢？"

"也有道理，不过她以前也有过工作经验，那个时候她教书……噢！不过教书这个行业已经不比从前啦，她可能还要去补修教育学分，可是现在教师的缺额又这么少，要找个职位还真是不太容易！"

"就算她能找到一份工作，您想想看薪水够 3 个人的开销吗？假如她运气不错，找到一个薪水有您现在收入一半的工作，扣掉税金，还去银行贷款后，也将所剩无几；再说她还要交付社会福利金，还得请个保姆来照顾小孩，这一切费用都要从她的收入中去扣除，那最终还能剩下多少钱可以家用呢？"

"我可以想象这些问题,即使她能找到工作,我想日子也不会好过的。"

"这就是为什么我认为您应该再买一份保险。这样即使您遭到不幸,至少在5年以内您太太还能保持目前的生活水准。这样她就有一段缓冲时间,可以根据自己的具体情况去学一些东西,然后在没有太大压力的情况下,找一份比较理想的工作;而且在您的两个孩子还需要母亲照顾的时候,她也能多照顾他们一些。"

"那您看我是不是应该将保额提高到10万元呢?"

"这样当然会好一些!不过我们还忽略了一些问题,您再想想孩子们的教育问题,这要花多少钱呢?"

"一个孩子1万元吧,也许还不够呢,现在大学的学费愈来愈高了。"

"所以应该把这些款项都加在一起,才是最适合您的保额。您自己就可以算得出来:每年需要付3万元的房屋贷款,另外2万元作为孩子的教育费用,如果想在5年之内让太太孩子继续享受目前的生活水准,至少需要10万元,再加上意外性费用5万元,这样您应该要保20万元的保额,扣掉您已经保了3万元,您需要再保17万元。"

"这可不是个小数目啊!"

"可是,乔治,假如您希望您的家庭能够不被一次意外摧毁,而失去现有的生活水准,您就需要这样的保额。想想看,您还有什么其他的方法能够给家人这样的保障呢?"

当然,也可能有些客户不为所动,他会说:"这种计算未来的做法根本是多余的。你看我还不是从半工半读奋斗到今天,我的孩子也可以这样做呀!妻子出去做事有什么不好,这对她也是个很好的机会呀!在这个世界上,根本没有什么不劳而获的事情,我自己是这样苦过来的,别人也一样可以苦过来。"

说出这种话的人,通常都是以自我为中心,需要别人肯定他的成就,而他对自己的关心也超过他对家庭的关心。遇到这样的客户,你可以跟他谈些个人生活里的实质好处,例如,个人的积蓄、退休后的生活问题,以及万一失业时的收入问题等。

针对这种情况,你可以这么说:"您已经辛苦了大半辈子,目前的成就和生活水准,事实上正是您辛苦的代价。依我的愚见,您最重要的是要在退休以后,还能够保持这样的生活水准。假如买了这种保险,当您65岁的时候,一年可以从保险公司那里享受1.8万元的红利,而目前一年只要付3400元的保费。"

就这样,你可以把重点从家人的身上移到被保险人自己身上。对方也觉得这样做,会让自己的余生过得更好些,就会接受你的建议。

怎样做客户才会买

人在忧虑的情况下都期望得到别人的建议和帮助,而且也容易听从他人的意见。唤起客户的忧虑是促成客户购买的重要技巧。

运用激将法,迫使客户就范

在销售过程中,销售员往往容易遇到一些客户,虽然有购买产品的需要,但是犹豫不决,拿不定主意,处于观望状态。面对这些客户,要想获得订单,促使他们下决心签单,销售员也可以利用他们的好胜心、自尊心,采用激将法促使他们作出购买决定,迅速签单。

激将法是指销售员采用一定的语言技巧刺激客户的自尊心,使客户在逆反心理的作用下完成交易行为的成交方法。在销售过程中,销售员一旦成功使用了这种技巧,往往能够促使客户迅速下定决心签单。

使用激将法效果如何,取决于销售员对刺激的"度"的把握,有的"稍许加热"即可,有的则要"火上浇油";有的只要"点到即止",有的却要"穷追猛打";有的可以"藏而不露",有的则需"痛快淋漓"。

当然，能否取得最佳销售效果，这就要销售员根据不同的情况而定。因为，有的人好高骛远、貌似强大，有的人好胜心强，有的人优柔寡断，有的人干脆，有的人忸怩……

所以，如果能够巧妙地利用上述人们的心理特点，适时地运用激将法，是销售成功的一个基本保证。

有一位小姐看中了某商店橱窗内一款新式皮鞋。但她只是站在柜台前反反复复地看，问一些无关紧要的问题。很明显，她很喜欢这款新式皮鞋，但又因为价格太贵而犹豫不决。该商店的售货员捕捉到了她的这种心理，于是上前问道："如果这双鞋的价格不能令您满意的话，您是否愿意再看看别的？"

没想到，听了售货员的话后，这位小姐却表情坚定地买下了这双皮鞋。售货员的问话看似很简单，但其中却藏有很深的奥妙，它激发了这位小姐的好胜心，因此成功地销售出了这双皮鞋。

客户被销售员一阵激将，再也不像以前那样犹豫了。因为客户不承认自己是那种不果断、遇到机会犹豫不决的人。客户想到自己确实对产品和服务没有什么异议，想到自己确实需要购买这种产品，便迅速与销售人员签下了订单。

在销售过程中，客户不愿意签单时，销售员采用激将法以"逼迫"客户不得不立即签单，是促成订单的一种有效技巧，是高明的销售员常用的手段之一。

在购买产品的过程中，客户往往容易产生较强的好胜心理。激将法就是针对他们的这种好胜心理对症下药，使得他们因好胜而不再过于理智。这样，客户为了满足自己的好胜心理，为了顾及自己的面子，往往不再计较此前特别看重的一些"成交细节"。

怎样做客户才会买

销售中使用激将法，要注意掌握分寸，在尊重客户的前提下，善意刺激，不要去冒犯、戏弄客户，否则会事与愿违。

快速激发客户的购买欲

销售活动不同于一般的商店销售，及时地、正确地判断客户的注意是否被唤起，在销售活动中有着特别重要的意义。

商店销售也需要吸引客户的注意，但是商店销售员面对的客户是主动走进店门来的，对方会主动找销售员，告诉他有什么具体要求，对哪类产品感兴趣，打算购买什么样的产品。销售工作则有所不同，销售员所面临的大多数客户是被动的，有时还有抵触情绪，所以销售一开始就要吸引对方，引起客户对自己的足够注意力，在1分钟内激发客户的购买欲望。

那么，怎样做才能引起客户的注意力，激发客户的购买兴趣，促成销售呢？

1. 加强信息刺激。

在销售活动中，客户对产品的注意和了解，主要是从眼看、耳听、口尝、鼻嗅、手摸等感觉中获得的。因此，加强信息刺激是有效引起客户注意的重要手段。

销售过程中的信息刺激分为三种类型：

（1）强烈刺激，当销售信息刺激比周围其他因素具有更强的作用时，就能唤起客户注意的目的。如销售员在展示产品时，洪亮的声音、醒目的外观形状更容易引起客户的注意，而低缓的音调、老式的外表则引起对方的失望与反感；

（2）变化刺激，在销售时如果单调一律的信息刺激连续重复进行，客户也会因习惯而熟视无睹。

信息的变化出新则是克服客户注意惰性的有效方法。如宣传广告的画面上配上不断闪动的霓虹灯，菜馆送上的美味佳肴佐之以厨师高超的烹饪表演，这些都能在较长时间内成功地吸引客户，并使他们端视良久。

（3）新异刺激，新异事物最容易挑逗客户的好奇心。在客户面前，销售员亮出最先进的科技发明专利，介绍失传千年的工艺绝技或制作配方，往往能轻而易举地招揽客户，唤起他们的深切关注。

2. 客户各不相同，不同对象不同对待

在对即将面临的销售环境和客户的背景资料进行了一定程度的调查分析之后，一旦面对形形色色不同的销售对象，需要的便是保持清醒的头脑，因时因地灵活应变，具体情况具体分析，争取最有效地吸引对方。

销售员必须善于引起客户的充分注意，才有可能掌握客户的行动，使销售得以顺利进行，只有当客户对销售员的努力产生良好的反映，引起足够的注意时，才会接受销售建议和要求。

怎样做客户才会买

作为销售员，一件最重要的事情就是吸引客户的注意力，然后充分激发起他们的购买动机。

把客户的"想要买"变成"真要买"

欲望是人们对满足需要的愿望，是一种积极的，能转化为动机和行为的情感和心理定式。激发客户的购买欲望是指销售员通过销售活动的进行，在激起客户对某产品（或销售员所在的公司）的兴趣后，努力使客户的心理产生不平衡，产生对感兴趣的产品持积极肯定的心理与强烈拥有的愿望，从而进行购买。

客户一般产生兴趣后，就会很快转化为购买欲望，这是因为：

第一，产品的功能能满足客户的需要。这是客户产生购买欲望的根本。

第二，销售员能满足客户对购买方式的选择。客户在对产品感兴趣的同时，会对购买方式产生选择的需要。如购买的安全感、方便与否，售后服务是否良好、方便等，销售员在这方面是有优势的，销售员在宣传时如能恰到好处地指出来，客户是会很快产生购买行为的。

第三，销售员能满足客户购买的感情需要。购买欲望大多来自情感，而不是理智，或者说在购买行为中，总是情感的选择大于理智的选择。美国有一个销售保险的大师，曾一年销售10亿美元的人寿保险。他认为销售中的98％是人情，是销售员对人情的理解，2％才是销售员对产品知识的理解。销售员常常创造出许多有感情色彩的销售环境，有利于客户产生购买欲望。

第四，销售员的充分说理，并提供大量信息。这些都可以使客户不断强化与维持购买欲望。情感只是一个心理过程，随着时间的推移，会过去和消失，只有信息与道理，才能加深理解，并使已形成的购买欲望向行为转化，而不是相反。

当然，销售员的优势只是向客户提供了转化兴趣为欲望的可能，真正的转化，还需要销售员的努力，下面介绍几种方法。

方法一：在客户产生兴趣后要及时检验其对销售员及产品的认识程度。如询问是否有不明白、不理解的地方，是否有需进一步示范及说明的地方。如果有，要及时解释、示范与说明。

方法二：了解到客户尚有担忧与疑虑后，要进行反复解释。

方法三：强化情感。如发现客户对销售员、对销售员所在的公司及销售的产品仍有不信任与疑虑，则更要继续做好以诚待人、以情感人、以理服人、以利动人的工作，努力改变客户的态度，要始终坚信"精诚所至，金石为开"。

方法四：多方诱导。客户在形成购买行为前总是会多方权衡利弊得失的，如果我们能有针对性地进行多方诱导，让客户意识到拥有产品的多方利益时，就会产生强烈的购买欲望。

怎样做客户才会买

在向客户进行诱导时要注意，既不要讲"过去"，也不要谈"现在"，而要大说特说"将来"。只有美好"将来"才是激起客户购买欲望的主要原因。

毒品法则，让客户对产品"上瘾"

做销售的能够做到客户依赖你，那就是一种成功。

当走在沙漠的时候，如果水用完了，太阳非常毒辣，你就快变成烤肉干了。这个时候有人过来卖水，哪怕矿泉水是一千元一瓶，你也会花钱买下，因为那不仅仅是一瓶水，而且是救命的东西，它的价值远远超过一千元一瓶。

同样，销售员在销售过程中，仅仅让客户发现问题是不够的，还要告诉他如果这个问题不解决，会导致什么样的后果，招致多大的损失，而且必须得到客户的认同，就是要努力给客户制造痛苦，痛苦感越强，产品在客户眼里的价值就越高。人们总是先消除痛苦，才追求快乐。产品销售的好坏，完全取决于客户感觉到的痛苦程度。

美国有一家公司专门经销煤油和煤油炉。公司创立伊始，大肆刊登广告，极力宣传煤油炉的诸多好处，但收效甚微，其产品几乎无人问津，货物大量积压，公司濒临绝境。

有一天，老板突然灵机一动，让手下职员登门向住户无偿赠送煤油炉。职员们不解，还以为老板愁疯了呢，但看着老板那踌躇满志的神情，只得依令而行。

住户们真是大喜过望，一个个竞相给公司打电话，索要煤油炉。不久，公司的煤油炉就被一送而空。

当时，炉具还没有现代化，人们生火做饭只能用木柴和煤。这时，煤油炉的优越性明显地体现出来了，家庭主妇们简直一天也离不开它了。

很快，他们便发现煤油烧完了，这回只能自己到市场上去买，公司可绝不赠送。当时煤油价格不低，但已离不开煤油炉的人们也只得自掏腰包了。

再后来，煤油炉也渐渐用旧用坏了，于是客户只好买新的。这个公司也奇迹般地起死回生了。

这就是营销学中著名的"毒品法则"，当你把产品做成了人人都离不开的"毒品",那还愁卖不出去吗?

有时候,为了吸引客户,打开销路,你不妨暂时做做"亏本"的生意。在把握商机之后,先是给予,等他们认可你的产品、习惯你的产品之后,客户们就会主动找上门来。利润自然也随之源源而来。

怎样做客户才会买

运用"毒品法则"要注意一点,要保证你的产品有持续升级的价值,或者是物超所值的使用效果。否则,"毒品法则"难以实现。

心理暗示,引导客户进入"圈套"

一个不懂得如何用暗示激发客户购买欲望的销售员不是一个高明的销售员。

销售中巧用暗示,可以巧妙地避免客户直接拒绝,是销售进程中连攻带防的最佳策略。它既可以保持与客户建立的良好关系,又可以加快销售的进程。以心理暗示影响客户的观念,改变认识,增强购买信心,加速成交进程。

销售的状况千变万化,可能你的一些预先计划会被打乱,但是,比起这种计划,如何培养自己在销售过程当中从容应对变化就来得更加重要,因为随着销售的深入和客户介绍的深入,我们会发现原来不同的客户需求有很大的不确定性,但不管事物的表面如何千变万化,内部的原理其实是一样的,所以,在培养自己销售应变能力的同时,也不要忽略了自己在统筹计划方面的能力,应变能力的提高与否很大程度上是建立在统筹规划提高的基础之上的。而学会"暗示心理学"就是提高在实际销售过程中如何应变的一个重要技能!

销售员在开始进行销售时,一开始就要做好充分的准备,向客户做有意识的肯定的暗示，使他们从一开始就走进你的"圈套"。例如：

"我们公司目前正在进行一项新的投资计划，如果您现在进行一笔小小的投资。过几年之后，您的那笔资金足够供您的孩子上大学。到那时，您再也不必为孩子的学费发愁了。现在上大学都需要那么高的费用，再过几年，更是不可想象，您说，那会怎么样呢？"

当然，你对他们进行了如上的各种暗示之后，必须给他们一定的时间去考虑，不可急于求成。要让你的种种暗示，渗透到他们心中，使他们的潜意识接受你的暗示。

销售员要擅长于把握住进攻的机会。如果你认为已到了深知客户是否购买的最佳时间，你可以立刻对他们说：

"每个父母，都希望自己的孩子接受高等教育。望子成龙、望女成凤是人之常情。不知您是否考虑过，怎样才能避免将来背负这沉重的经济负担。其实对我们公司现在进行投资，完全可以解决您的忧虑，对这种方式，您认为如何？"

当买卖深入到实质性阶段时，他们有可能对你的暗示加以考虑，但不会十分仔细，一旦你再对他们的购买意愿进行试探时，他们会再度考虑你的暗示，坚定自己的购买意图。

客户进行讨价还价，会使洽谈的时间延长。这时，销售员必须耐心地、热情地和他们进行商谈，不断强化那是他们自己的意图，直到买卖成交。

销售员如果能适当地加以运用，可使最固执的客户也听从你的指示，交易甚至可能会出乎预料的顺利，那些固执的客户在不知不觉间就点头答应并签字成交。

怎样做客户才会买

心理暗示是一种有效的销售手段。只要在交易一开始时，利用这种方式，提供一些暗示，客户的心理就会变得更加积极，进而很热心地与你进行商谈，直到成交为止。

制造成交的"最后机会"

销售员小汪在销售某种高档工艺品时,因为善于营造卖方市场氛围,调动起客户"怕买不到"的心理,结果其产品不仅卖得快,而且价钱卖得高。

在向客户销售产品时,小汪总是不忘向客户强调:"我们公司总共才生产了1 000套产品。在未上市前,就有很多客户预订了一些。现在,已剩下不多了。这是我们公司发出的最后一套产品,其中有少量产品是留着作纪念的。我很有幸向你介绍这最后的一套产品。你可以考虑一下,自己究竟需不需要。要真心需要的话,给一个合适的价格,我就把产品卖给你。否则,过了这个村就没有这个店,以后想买都买不到了。"

有些客户认为,小汪是在故意制造卖方市场气氛,开始并没有过多在意。不过,小汪转身就走,摆出一副不愁买主的架势,结果那些有购买意向的客户很快意识到小汪不是在跟他们玩虚的,这样的工艺品今后可能真的买不到了,便不再犹豫,赶快与他签下订单,买下产品。

在销售过程中,销售员也应从中得到一些启发。为了争取到更多更有分量的订单,销售员适当地制造一些让客户"买不到"的氛围,给客户制造一些"购买产品的最后机会",往往更有利于争取到订单。例如,在销售过程中,销售员可对客户说:"这种产品只剩最后一个了,短期内不再进货,你不买就没有了。"或说:"今天是优惠价的截止日,请把握良机,明天你就买不到这种折扣价的产品了。"一些有购买意向的、尚在犹豫的客户听到此话时,往往会下决心购买,并迅速签单。

机不可失,时不再来。在销售领域中,这种利用"怕买不到"的心理促成订单的方法叫作最后机会成交法。这种销售技巧是通过缩小选择的时空来促成订单的。上面提到的几个事例,都是这种成交技巧的巧妙应用,销售员可以从中得到不少启示。

不过,销售员利用客户"怕买不到"的心理,制造"成交的最后机会"时,需要注意以下三个问题，否则就很难起到促成订单的效果。

（1）要让客户确实感觉到这是最后的机会。要想争取到订单，销售员不管销售的产品是否是绝无仅有的产品，都应该让客户切实感觉到这是最后的购买机会。只有这样，才能促使客户尽快作出购买决定，迅速签单。

（2）要把握准客户的心理。如果客户本身对产品的兴趣并不大，采用这种技巧来促成订单显然是无效的，因为即使真的是最后的机会，买和不买对他的影响都不会太大。因此，销售员只有把准客户对产品有浓厚兴趣、志在必得时，才能够运用这种最后机会成交法。

（3）不要用语言恐吓客户。有些销售员在使用最后机会成交法促成订单时，往往喜欢使用一些语言恐吓客户，例如"再不购买就没了。"等话。这类话，销售员不是不能说，而是要少说，因为说多了容易让客户感到厌烦，从而产生抵触情绪。因此，在使用最后机会成交法时，销售员不要用语言恐吓客户，而要明确告诉客户购买该产品的机会不多就行了。

在销售过程中，销售员一定要仔细体会最后机会成交法，从中找到争取订单的秘诀。

怎样做客户才会买

在销售过程中，最后机会成交法是一种奇妙的技巧。销售员只要抓住了机会，巧妙地营造卖方市场的氛围，让客户感觉到"购买产品是最后的机会"，往往容易引导客户迅速签订订单。

第六章
到手的订单也会飞,销售要有个度

心急吃不了"热豆腐"

俗话说:"心急吃不了热豆腐",销售员越着急,越容易显得底气不足,越容易达不成目的。有些销售员缺乏耐心,急于销售成功,结果销售业绩不好。有些销售员上来就说:"我们的产品特好,你买不买?"这相当于是问客户:"你出不出钱?"这样的交易方式怎么能够成功呢?

有些销售员之所以没有耐心,往往是因为以下几个原因。

1. 主动放弃

一些销售员认为,在大多数情况下要被拒绝,即使产品介绍得再好,他们往往觉得介不介绍产品是无所谓的事情,反正想买的人就会买,不想买的人就算怎么说也不会买的。因此,他们容易缺乏介绍产品的耐心,一见到客户就问买还是不买,被拒绝是当然的事情,即使是世界上最优秀的销售员在大多数情况下也是被拒绝的,他们之所以成功就在于他们越是被拒绝就越是想办法将产品更好地介绍给客户。要知道大多数客户是有产品需求的,除非销售员硬是要给盲人销售近视眼镜。客户有需求就可以引导,而销售员引导客户需求的方式就是通过产品介绍。

2. 缺乏耐心

缺乏耐心的人很难做好销售工作，真正成功的销售员往往是有十足耐心的。但是耐心是可以锻炼和培养的，销售员可以通过不断地训练来培养自己的耐心。当销售员求见一位客户时，发现自己已经没有耐心的时候，就要不断地告诫自己要坚持，坚持到最后。只要这次坚持的时间够长，就会成为下次商谈的标准时间。

3. 盲目地节省时间

俗话说：两鸟在林，不如一鸟在手。那些试图通过节省时间来多见一位客户的销售员往往由于缺乏耐心而被客户拒绝。与其这样不断地追求新客户，倒不如在老客户身上获取更好的销售业绩。

耐心是一个销售员应该具备的基本素质，销售员本身的基本特征就是从拒绝开始。如果销售员没有耐心，一遇到拒绝就立即放弃，是很难取得成功的，同时也会给客户造成不好的印象。

过去注重理论的销售专家们为成交规划了四步骤。

第一，是接近，取得和客户接触的机会。

第二，是销售员，既销售自己，又销售产品。

第三，是拒绝处理，通常也叫异议处理，这是谈判的磨合过程。

第四，是促成，主要是向客户提出成交要求。理论专家们强调必须按部就班，否则就是急于求成。这种理论是有一定道理的，虽然销售员可以通过促成试探来寻找成交的时机，但是就达成交易的全过程来看，这种模式往往比较多见。

怎样做客户才会买

销售员千万不要在销售过程中表现得缺乏耐心，因为缺乏耐心是对客户的不尊重。

急于求成会搞砸到手的买卖

在销售过程中，一些销售员往往表现得过于急切，希望自己一进门客户就答应签约，然而这是不现实的，销售是一项艰苦又需要耐心的工作，急于求成的销售员永远也无法取得成功。

和客户沟通感情就必须有耐心，不能急于求成。急于求成的销售员往往认为自己的时间宝贵，想着自己还有多少客户要去约见，却没有考虑到如果交易没有达成，其实质就是浪费时间。这种现象就好像为了贪图便宜，购买了许多质量差、价格又很低的产品，但是每一件产品都不能使用，结果浪费了大量的钱。倒不如购买一个质量有保证、价格较高的产品。销售员与其在有限的时间内试图和几位客户沟通，倒不如在有限的时间内和一位客户达成交易。

老练的销售员说，失去一个订单的最简单、最有效的方法就是销售员在与客户签单付款时表现出急切。许多销售员将他们的工作视为一个巨大的销售促成阶段，却未能了解其心理特性，以致鲁莽行事，最后只得丢掉了生意。

那么，在签单时，销售员应该注意哪些问题呢？

1. 不要慌张

慌张、性急都会使即将到手的买卖功亏一篑，所以一定要沉着应战。

2. 耐心与客户沟通

在初与客户接触时，可以采用灵活迂回战术，话题扯得越远越好，以便与客户搭界，但在最后签约成交的决战中，则不能浪费一颗子弹，要全力制造气氛迫使对方决定购买。

3. 当心乐极生悲

要做到喜怒不形于色，否则，乐极生悲，使得客户心中生疑，又落个空欢喜一场。到了最后成交的阶段，你要做的就是再鼓舞，使其欲望不断升温。

4. 不要急于降价

到了最后关头，要不要减价则无所谓了，客户这时要求减价，多是存侥幸心理，不会因为减价而改变主意的。

另外，在交易达成后，销售员不要急于"逃离"客户，这并不是说要继续留下与客户闲聊，而是说离开时不要手忙脚乱、慌慌张张，而是应该从容离开。

对于价格低廉的产品，也许可以赶快离开来提高工作效率；但是如果是大件产品，尤其是客户花费较多的产品，迅速离去往往会使客户犯疑，以为自己上当，进而产生取消交易的想法，而且极有可能将想法付诸行动。销售员有必要在达成交易之后，向客户提出一些保险措施，然后从容离去，比如留下自己的联系方式和售后服务电话等。销售员也可以通过赞美客户来取得客户的成交安全心理。

怎样做客户才会买

欲速则不达，急于求成只会吓跑客户，让所有的努力付诸东流。销售员应当培养自己的耐心，用自己的耐心换来客户的回报。

销售过度会推走客户

太多的销售员都忙于夸夸其谈，企图快速拿下订单，却没有意识到说得过多反而会让你失去客户。

不错，他们是在向客户做销售，可最后又把本该卖出去的东西买了回来！在这里，再次鼓励你做一名好听众——要学会正确判断什么时候该闭上自己的嘴！管不住自己的嘴正是缩短销售生涯的原因之一。

如果销售员没有向客户作充分的介绍，客户没有清楚地了解你的产品，对你的产品没有产生兴趣,毫无疑问,客户是绝对不会购买的。但如果客户已经了解了你的产品,而你还在喋喋不休地介绍,最终的结果是什么呢?很有可能也是失败。

过犹不及,过度销售只会引起客户的反感,从而使销售功亏一篑。过度销售是那些有很大成交希望的买卖最终放弃的主要原因。

一次,电脑销售员小张前去拜访一位省教委处长。小张觉得这是成交希望最大的客户,因此在出门前,小张做了充分的准备。在和教委处长寒暄后,小张拿出笔记本电脑样品,一边向处长详细地介绍产品,一边给处长演示笔记本电脑的功能。

"你能把笔记本电脑给我自己看看吗?"这时,处长打断了小张。于是,小张把电脑递给了处长。

处长接过笔记本电脑摆弄了一番后,对小张说:"很不错啊。"

"是的,这款是最新的产品,它体积小,功能强,具有……"小张接过了话茬,并大谈"笔记本"的特点和性能。

"哦,我已经知道了。这样吧,我现在还有点事,不是很方便,改天我给你打电话吧。"处长露出了失望的表情,对小张说。十分明显,处长是在委婉地拒绝小张。

"那我等您电话。"最后,小张只好抱着万分之一的希望离开了处长的办公室。

后来,意料之中,小张并没有等到教委处长的电话,最大的希望变成了最后的失望。为什么会这样呢?最重要的一点是小张的销售过头了。当处长表示了对产品很感兴趣时,小张还在一味地介绍产品的特点和性能,而没有将销售推向新的阶段——成交。如果小张在处长说"很不错"的时候,直接提出"这么好的产品,您为什么不买呢?"那么成交的希望就很有可能变成现实。

怎样做客户才会买

过度销售是那些可以成交的销售最终前功尽弃的主要原因之一，适度的销售是赢得订单的不二法门。

销售要把握好一个度

因过度销售而引起客户心理极不耐烦或反抗的心理现象，称之为"超限效应"，在销售领域已经屡见不鲜。过分的销售是那些本可以成交的买卖最终前功尽弃的主要原因之一。太多的销售员都忙于夸夸其谈，企图压倒对方，却没有意识到说得过多反而失去了客户。不错，他们是在向客户做销售，可最后什么单子都拿不回来！

热情好客的杰米扬精心熬制了一锅鱼汤，请好朋友福卡前来品尝。鱼汤确实很鲜美，福卡也吃得很饱了，可是杰米扬依然一个劲地劝福卡继续吃。福卡为了不驳朋友的面子，只好装作吃得津津有味，把盆子里的汤吃了个精光。可怜的福卡虽然喜欢喝汤，但这样喝却跟受罪一样。他马上站起身来，抓起帽子、腰带和手杖，用足全力跑回家去了，从此再也不来杰米扬家了。

一位哑巴在汽车上以倡导他人帮助残疾人的名义，高价出售一本仅有几页的娱乐小册，后面定价是5元，有一个乘客翻遍了包包，只剩下4.5元，他非常不好意思地递给那个哑巴3.5元，因为他下了车还要坐公交，哑巴摇了摇头，指了指定价，那位乘客没办法，把最后1元钱递了过去，满怀抱歉地说："不好意思，就这些了。"结果哑巴还是摇头，又指了指定价，该乘客终于发怒了，夺回了钱，大声说："我不买了，行了吧？"

这种刺激过多、过强和作用时间过久而引起心理极不耐烦或反抗的心理现象，称之为"超限效应"。哑巴之所以什么都没卖出去，就是因为他触怒了客户的底线。

在销售工作中，销售员不是哑巴，但也会因为说的过度让客户逃之夭夭。销售员之所以会描述的过分冗繁，就是因为他们害怕遭到客户的拒绝。并非只有天才才能意识到客户对产品发生兴趣的心理变化，实际上，一般销售员都能够看出这一点。但遗憾的是，这些销售员太害怕被拒绝以至于说的更多，他们不愿冒险面对面成交，反而在本该闭嘴的时候画蛇添足地继续销售下去。结果导致客户厌烦，甩手而去！那么，到底说到什么程度算是火候到位了？

（1）你应该心里有个计量器，要知道对客户说什么，说多少。毫无疑问，你可以说出一些重要的细节，但在恰当的时机该成交就成交，切不可再说一些客户不感兴趣的、毫无必要的、甚至会引起混淆的东西。

（2）你不必去展示你所了解的所有产品知识，同样，在作出购买决定前，你也没有必要让客户成为相关的专家。有些销售员认为他们必须解释有关产品的一切细节——这简直是在阻止任何人买自己的产品。

（3）某些销售员则认为，如果他们没有能够向客户展示出自己广博的知识的话，那么销售就算不上完整。而实际上，他们不停卖弄的结果却是让客户哈欠连天。

（4）在你拿订单之后，你可以说："哦，我想顺便再说一点我认为对您来说很重要的东西。"然后，你就可以告诉客户一些必要的细节性问题。

过分的销售是一种自拆台脚的做法，因为它会逐渐损害本来很有成效的销售。销售员对自己缺乏信心，从而感染了客户，使客户也变得疑虑重重、而去更容易从销售员话语里挑出毛病。这些客户会在心里想："我已经要买了，他为什么还要没完没了地继续介绍下去呢？一定有什么事瞒着我。"结果，销售员说得越多，越急着成交，成交的机会就越小。

怎样做客户才会买

销售员过分的表演不仅减弱了自身的销售努力，而且还失去了客户。销售要有个度，做到适可而止，见好就收。

放长线，才能钓到大订单

当你正在办公室里忙得不亦乐乎的时候，忽然有人打电话来要看看你的产品，有意购买，当你听到这个消息后，一定会欢欣雀跃，不仅是你，换作任何一名销售员都会非常高兴，因为也许销售员花了一天的时间在外面到处见客户，也不一定有一个人能够表现出主动购买的意愿，而客户能够主动找上门来，这是多么好的事情啊，真可以说是"踏破铁鞋无觅处，得来全不费工夫"。

接下来销售员一定都会有这样的想法：既然好运降临，机会到来，就一定不要错过，一定要把这个客户搞到手，绝不能让他从手心里再溜走掉。于是，心中便急切地想和他做成生意。

其实，越是抱有这种心理的人，到最后越容易把到手的客户弄丢。为什么呢？打个比方吧，销售员的这种心理就好像是把刚刚碰碰钩的鱼当成了已经咬钩的鱼，匆忙提上鱼竿，结果只能是吓跑了鱼。

假如一个销售员真的希望自己能够抓住这个客户，更容易地获得一笔收入，不妨按照汤姆·霍普金斯教给你的方法去做。

1. 了解真实情况

既然遇到了这样一个客户，我们就要有长远的考虑，应该预测到如果他最后没有选购我们的产品，我们也应该要和他成为朋友，让他成为我们的潜在客户。千万不要在这个时候急于求成，对方说买产品，你就签单完事，最后连对方的姓名都不知道，这样做的结果很可能是让对方从此再也不来你这里购物了，你也就和这位客户永久地失去了联系。

所以，当对方打过电话来后，你可以约一个时间和他见见面，详细地介绍一下产品。在和客户聊天的过程中，可以询问对方一些基本情况，比如姓名、电话、住址、购买产品的理由等。

客户的回答可能会给你带来一些其他意想不到的信息，在客户说话的时候,也可能捎带着给你介绍来几个客户。在交流过程中,客户解决了疑难,往往会很快签单的。

2. 不要急着成交,先和客户做朋友

因为这个打电话的客户与你平日里并不认识,没有什么来往,你根本就不知道这个客户的任何情况。虽然对方有购买意向,主动找你,但你也不能单刀直入,直接就进入销售阶段,向客户展示产品。

请你想一想,换作你,虽然你对该公司的产品有所了解,有意购买产品,但一个陌生的销售员来和你洽谈,向你销售产品,你会怎么做?大多数客户都会选择再考虑考虑。也许他们对产品比较了解,但是,他们对这个销售员不信任,担心会上当,所以,还要在想一想。

每个人对于一个陌生人都是有戒备之心的,所以在这个时候,销售员千万不要贸然采用单刀直入的销售手法,这样必然会给自己设置销售障碍的,很有可能让客户产生退缩心理。

所以,在接到客户打过来的电话时,不妨先聊一些边缘性的话题。比如可以问一问:"你是怎么获得我们公司的联系方式的?""你怎么知道我的?"对方可能会就此对你作出回答。

然后,你就可以通过他的谈话,再找到一些话题,使对方的陌生感变淡。这样轻松的氛围形成了,对方的戒备心就小了很多,也在心理上逐渐认可你了。而且,在聊天的过程中,你也可以大概判断出这个客户是个什么样的人,这就为你做好与客户见面的准备工作提供了很多信息,方便你迅速找到恰当的表达方式来应对客户。

3. 和客户约定面谈

在接到对方的电话后,即便对方是个非常爽快的人,要马上签单,你也可以要求和他进行一次面谈。你可以这样说:"还有一些很重要的事在电话里谈不太方便,不如明天见面时我再跟您详细说明。"或者说:"产品的其他功能的使用,我可以给你大概说一说。不过,咱们还是约个时间,毕竟东西不小,还是要考虑好了再买。"

经过这样一说，客户感觉到你是在替他考虑，这时就会跟你约定具体的见面时间和地点。

其实，销售就像玩数字游戏，销售员的工作目标就是想尽一切办法，运用各种时机来提高自己胜算的概率，其中非常重要的一点是，要让对方感到你是关心他的。

怎样做客户才会买

"放长线钓大鱼"，没有长线怎能钓大鱼？对于销售员来说，"长线"就是自己的耐心，只有足够的耐心，才能等到"鱼"上"钩"，才能把握成交的时机，赢得更多的订单。

煮熟的鸭子也会飞，不要高兴太早

销售员进行产品销售的目的就是要将产品销售出去。所以，面对即将成功的销售，很多销售员会表现得过于兴奋。他们面对客户的购买，忍不住会面露喜色，说话语气开始变得轻飘飘，同时也会忽略一些细节的工作，甚至开始忽略客户的心理变化。尤其是新销售员可能好不容易才获得了一次成功的交易，喜悦自然不必多说，也许就像中了彩票一样。他们甚至会当着客户的面就忍不住地偷笑。这样做显然会对销售员的最后成交造成阻碍。

"煮熟的鸭子也会飞"，销售员进行签约程序或是刚完成签约，本应保持平常心，虽然签约属于应当兴奋的事，但是销售员在商谈签约时，内心的得意应暂时保留，勿露出非常高兴、得意万分的表情，否则很容易让客户觉得他最后的采购决定是错误的而产生怀疑，甚至更改决定或放弃购买，这是十分可惜的。

而且，更重要的是有些销售员签约时，因为自己过于兴奋，很容易疏忽合约的内容或者自己产品的准备情况。尤其是双方针对合约内容进行协商期间，对于客户所提出的修正要求耐心不够，造成双方的意见不一致。

销售员在成交阶段过于兴奋，可能会拿错产品给客户，本来客户想买一瓶沐浴露，销售员却拿了洗发水，这样也会引起客户的不满，客户会觉得销售员过于兴奋而且心不在焉。

另外，销售员可能会因为自己在成交阶段过于兴奋容易引起客户的不满，继而造成对合约内容双方难以再继续进行谈判。

例如客户经常喜欢加注"罚款条件"或是一些比较敏感的字句来控制合约条件等。所以聪明的销售员更应随时保持冷静的态度，尽量与客户沟通，切不可过于表露兴奋。尤其是双方达成一致的要求时，销售员要随时提醒自己，超过自己的权限范围的要求不要当场答复，保持自己预留的退路，不要让兴奋的情绪冲昏了自己的头脑。而且销售员要随时注意客户的反应，这样才能更好地达成交易。

事实上，销售员可以在销售产品的过程中，自始至终保持一种和谐的微笑。这种微笑，可以掩饰销售员在成交阶段的兴奋之情。

在最后成交的阶段，如果销售员更有耐心，更能沉着镇静，保持沉默，反而会使对方自己进行思想斗争，结果往往会更好。

怎样做客户才会买

在成交的最后关头，千万不要慌乱，不要急躁，不要表白，而要沉着镇定，以赢得销售最后的成功。

越是到成交阶段，越是要镇定

在向客户介绍产品时，一般来讲，销售员经过很长时间的拜访、商谈、谈判到议价，最大的期望当然便是能够顺利销售出产品或者完成合约，因为在销售过程中，销售员无论用了多少心血于与客户的商谈，如果没有完成交易，亦是徒劳无功，枉费心机。

但是完成一笔交易的确不简单，而销售员的优劣并不是由销售过程所花的时间而定。很多销售员在与客户洽谈的过程中发挥得很好，但是在最后的成交阶段却没能很好地发挥，最终失去了成交的机会。因此在一系列的销售活动中，最后的产品促成的确是相当重要的工作。而且，客户在决定购买之前，一定想方设法挑产品的毛病，挑剔品质与服务，不满意销售员所提出的条件。所以，在销售最后的促成阶段，销售员更要注意自己的表现，以便更好地引导客户下决心购买。

但是，有的销售员在最后的成交阶段却不够冷静，存在着这样那样的错误态度，使自己以前的努力付诸东流。下面看看销售员在成交阶段前后的几种错误态度。

与客户商谈并将要签约或者成交时，许多销售员由于过于兴奋而不能保持严谨冷静的态度。

通常销售员进入成交阶段，可能会比较慌张或者兴奋得手忙脚乱。也许这是人在梦想成真时候的自然反应，但是，销售员在成交阶段不够冷静的态度却会给即将成交的交易带来不利的影响。因为，销售员在成交阶段表现得不冷静会让客户感到不安而再次犹豫："这个人大概没做成过什么生意，好容易才找到个买主。我还是再仔细考虑一下，别忽略了什么。"或者会想为什么销售员这么紧张，是不是有什么不可告人的事情，是不是销售员所销售的产品存在着什么缺陷。即使他们不将犹豫说出来，也很可能找一些其他的理由来拒绝销售员的成交请求。

所以说，在成交阶段，不论与客户商谈后能否接受对方的条件，销售员都必须保持冷静，千万别过于紧张，因为客户可能随时提出各种与签约有关的问题。销售时常因为没有保持冷静的态度来思考下一步骤的进行方式，以及决定如何签约，造成许多应该特别注意的合约细节没有办法详细洽谈，这些都是由于销售员没有保持冷静的态度造成的。

销售员和客户的洽谈进展顺利，即将进入成交阶段，最重要的是销售员一定要保持态度上的从容自若，绝对不可慌张，兴奋得手忙脚乱。销售员应该表现得有条不紊，把订单拿出来，请对方检查一遍，把签名的位置指给他看，说："如果您同意我们刚才谈的，请把名字写在这里。"或者销售员手头刚好有货，则应该请对方仔细检查产品情况，然后交钱。这一切必须显得好像销售员已经做熟做惯的样子，让买主觉得你是个经常能拿到订单的人，不必担心什么。

另外，在接近成交时，销售员保持镇定还表现在这个时候不要啰唆，滔滔不绝地继续推荐产品或恭维客户，而要以信心十足的态度保持适度的沉默，表示："该讲的我都讲完了，您考虑清楚购买的好处再做决定。"这样，既可以显示出销售员对产品的信心，又让对方有充分思考的余地，让他觉得自己有主控权，更容易做出肯定的答复。

怎样做客户才会买

在成交的最后阶段，销售员要做的是保持镇定，避免言多有失，节外生枝，使前期的努力白白浪费。

第七章
察言观色，把握玄机促成交易

买卖的奥秘就藏在客户的表情中

由于不同的人在天资、能力、个性、生活阅历、社会经验等方面存在着不同的差异，因而对一件事情就可能产生不同的看法，仁者见仁，智者见智。又由于各人所处的地位、担负的工作及生活习惯不同，从不同的角度去观察问题时，也会得出不同的结论，正所谓"横看成岭侧成峰，远近高低各不同"。

在日常工作和生活中可以发现，有些人擅长于察言观色，而有些人对别人的态度变化则显得迟钝木讷，这说明人们的敏感性和洞察力是有一定差别的。如果某人具有敏锐的观察能力和行为上相应的灵活性，从这个角度看，此人就比较适合于从事销售工作。

有一位颇有成效的销售小姐，不光善解人意，而且很敏感，能准确地从对方的沉默中窥见对方的思想状况与内在意图。当别人问到她是怎样去把握对方沉默不语时的思想时，她回答道：

"只要你留心观察，你就会发现对手虽然沉默不语，但你从他的神态和表情变化中能够发现内心思想感情的变化。比如在正常情况下，客户坐着的时候总是脚尖着地的，并且静止不动，但一到心情紧张的时候，对方的脚尖就会不由自主地抬高起来，因此，我只要看到对方脚尖是着地还是抬高，就可以判断他的内心世界是平静的还是紧张的。又如，在正常状态下，吸烟的人熄灭烟蒂大都保留一定的长度，可是一到非正常的情况下，放下的烟蒂就可能很长。所以，如果你发现对方手中的烟蒂还很长，却已放下熄灭了，你就要有所准备，对手可能打算告辞了。"

从这位销售小姐的一席话中，可以看出她有何等观察入微的工作作风，这也道出了她做到成功销售的个中奥秘。

人的任何行为表现都与其思想动机有关，反映着思想活动的一个侧面。客户也是这样，销售员可以从客户的行为中，发现许多反映客户购买活动的信息，观察能力成为揭示客户购买动机的重要一环。

怎样做客户才会买

言为心声，客户心底的秘密都会在表情动作中表露无遗。同样，客户的需求也会在不经意间表露出来，销售员需要做的就是根据客户的反映，判断出客户的购买动机，并针对客户的购买动机进行销售。

听其言，观其色，察其意

在销售双方交往和传情达意方面，除了运用语言进行交流之外，在很大程度上依靠肢体语言：扬眉张目、喜乐悲伤、举手投足、坐、立、行的姿态等等。如我们都以摇头表示拒绝或不同意；用点头表示同意、赞赏；手舞足蹈、开怀大笑表示高兴；怒发冲冠、双目怒张表示气愤。

语言交往有自己的符号，如字母、文字、句子、套词；非语言交往也有自己的符号。美国学者迈克尔·阿盖尔在《人际和社会互动中的非语言交往》一书中，列举了9种主要的非语言交往传播符号：身体接触、亲近、方位、外表、头部动作、面部表情、手势、眼睛动作和目光接触。在每一种非语言交往符号中包含着许多动态。例如，人的眉毛就有23种不同的动作，它们分别表达不同的意义。

听其言，观其色，通过观察客户的表情和身体动作，可以使我们更准确地了解客户的真实感情。

（1）皱眉蹙额，表示关怀、专注、不满、愤怒或受到挫折等情绪。

（2）双眉上扬，双目大张，是惊奇、惊讶的表现。

（3）掀动嘴翼，可能是愤怒的信号，也可以是表示爱情。

（4）紧抿嘴唇，表示对方对周围的环境和人有一种不肯定的感觉，他打算与你保持一定的距离，或有些犹豫不决；如果紧抿嘴唇，并且避免接触他人的目光，那可能表明他心中有某种秘密，此时不想透露；如果紧抿嘴唇，嘴角向下倾斜，则可能表示轻视、鄙夷、瞧不起等情绪，需视销售时的具体情况和其他身体语言判断揣测对方。

（5）如果对方双臂平直，颈部和背部保持直线状态，这说明他可能自尊心很强，对生活充满热忱和信心。

（6）如果对方双肩无力地下垂，那就给人一种潦倒、无力、情绪不佳之感；当然在感到疲倦、忧郁、失望和冷漠时，也会表现出双肩下垂。

（7）如果对方站着时呈"S"形或"U"形，那表示他身体不佳或内心感到不安，而且还力图掩饰内心的矛盾。

（8）如果他的嘴唇常常不自觉地张着，呈现出倦怠懒散的模样，那么他可能对自己、对自己所处的环境感到厌烦，有一种不安定感；这种肢体语言还表示他对周围的事物缺乏兴趣，或缺乏足够的信心来对付它。

（9）如果对方在周围的环境发生变化时，他的眼睛突然张大，这表明他对客观环境的态度是积极的，而且比自己所认识的还要富于进取心，因为在面临攻击或危险时，睁大双眼是人的一种本能。

（10）如果对方在与人交往时鼻翼掀动，这说明他对周围的某些人或某些事有敌意或不满，还有人发出这种"信号"表示愤怒，而且表明准备采取攻击行动。

（11）如果对方在与人交谈时，一边的眉毛抬得比另一边高，那表示对方对对方或对方说的话持嘲讽、反讥、鄙夷或怀疑的态度。

（12）如果对方在与人交往时常咬住自己的嘴唇，这通常是一种怀疑自我或贬低自我的信号。

（13）如果对方在交往中抬起下巴并垂下眼睛，这表明他对当时所处的环境或交往的人，有一种不屑一顾的态度。

（14）如果对方低垂下巴两眼向上望，那是一种羞怯腼腆的表情，也可能会让人觉得他有求于人。

你、我、他都希望在人际交往和销售协商中获得成功，这就必须做到能确切地了解客户的信息。除了掌握交谈技巧之外，还必须学会非语言交往技巧，这将有助于你的销售成功。

必须说明，在对肢体语言作出解释和判断时，需要十分细心，因为肢体语言所表达的意义随个人和文化背景的不同而不同，故而必须根据某个特定的人在特定场合下的表现来领会其内涵意义。

怎样做客户才会买

懂得并学会运用非语言交往技巧，有助于在销售中更好地表达自己，理解对方和作出准确判断。

密切关注客户的肢体语言

"沉默中有话，手势中有语言。"你注意过客户的身体语言吗？不要忽略了这个细节，客户的举手投足往往反映了客户内心的真实想法。如果你学会解读客户的肢体语言，那你就可以了解对方的心思与情绪。一般而言，在人们的沟通过程中，要完整地表达意思或完整地了解对方的意思，一般包含语言、语调和非语言行为或肢体语言三种基本构成要素。

肢体语言或由外界刺激引起的不随意的身体运动，是一门借助于身体移动、面部表情、姿势、手势及与其他谈话人的位置或距离等变化来进行信息沟通的学问。肢体语言通常是无意识的，而且难以控制与掩饰，它比言辞还能更清楚地表达内心的意向！

著名的人类学家、现代非语言沟通首席研究员雷·伯德威斯特尔认为，在典型的两个人的谈话或交流中，口头传递的信号实际上还不到全部表达的意思的35%，而其余65%的信号必须通过非语言信号的沟通来传递。

一名销售员一旦掌握这些肢体语言的信号，并准确地解读出其中的含义，无疑会对你的事业有很大帮助。

在谈话的过程中，需要特别留意的是客户的肢体语言。

有一次，一名销售员在饶有兴致地向客户介绍产品，而客户对产品也很有兴趣，但让销售员不解的是他时常看一下手表，或者问一些合约的条款，起初并没有被销售员所留意，当谈话暂告一个段落时，客户突然打断了进行到一半的产品介绍："你的产品很好，它已打动了我，请问我该在哪里签字？"

此时我才知道，客户刚才所做的一些小动作，已向销售员说明了销售已成功，后面的一些介绍无疑是多余的。

相信有很多销售员犯过这样类似的失误。肢体语言很多时候是不容易琢磨的，要想准确解读出这些肢体信号，就要看你敏锐的观察能力和验了。

肢体语言是"第二种语言"。如果一个人的"形体语言"越简单，就越容易被掌握。因此，要想成为一名优秀的销售员，就要集中精力不要让客户离开自己的视线，持续观察对方的反应、举手投足的以及眼神的信号和面部表情变化。

很多信息符号是一般人都知道的，双手叉腰或者交叉挡在胸前表示防卫、抵御、宣示主权。不过，也有一些其他的含意，听人说话时若是双臂交叉，则没有否定的意味，因为胸腔是行动之源，手臂交叉于胸前表示：我不会有动作——现在全听你的。向上急急挥动手臂的人,是语气强烈地表示:拜托——别烦了!我不想跟这件事扯上关系。而双臂缩在背后则有袖手旁观的意思。

在销售谈话即将结束的时候,销售员也一样可以假装不意地用肢体碰触客户,以便吸引客户的注意,同时使用手指做种种说明的指示,这种动作对客户具有催眠效果。

此外,肢体的接触也象征着意见的交流,这样能使交谈的气氛更为融洽,但在进行促销时,则必须稳重而不失礼地运用你的肢体语言。

记住,客户的肢体语言信息是一种非常重要的信息,销售员若是能正确地判断,就会取得良好的沟通。换句话说:对信息作出正确的反应,准确解读客户的肢体语言是销售员销售成功的最坚固的、基本的和必不可少的因素。

怎样做客户才会买

一名成功的销售员,在销售过程中,应仔细观察客户的肢体语言信号,评估客户每一个细节反应,并据此调整销售方法,促使交易达成。

从客户的谈吐判断成交信号

如果客户的购买动机可以像照镜子般照出来,销售时一定非常轻松愉快。所以许多销售员都想找出镜子的代用品,照出客户的思想变化。其实,不必用镜子或镜子的代用品,也同样可以知道客户的,那就是凭着客户本身的谈吐和态度来判断。

有位哲学家曾经说过这么一句话:

"从一个人的脸上,可以很准确地表现出他的本性。如果这个人欺骗了我们,那不是他的过错,而是我们的过错。"

这就是说，当你无法察言观色，而被别人蒙骗，那是你自己的疏忽，怨不得人。就客户而言，当听了销售员一番诱导购买的说辞后，会做何感想，可以从客户脸上的表情看出来。

（1）嘴角向后拉起或是嘴呈半关状态的样子。

（2）随着讲话人的内容，表现出各种表情。（因为他正听得入迷的关系）

（3）眼睛眯起来或者眨都不眨。

（4）随着讲话的人的动作或指示，而转移他的视线。

有上述这些表情时，就可确定听的人，是非常有兴趣而专注地在听。这时，千万不要打断客户的情绪，更不可瞪着大眼睛看着客户，因为这一看，很可能使客户马上转移视线，而原先在他心里准备购买的念头，也会随着视线的回避，而烟消云散。这时你就得和开始一样，再用亲切的口气，重新一步一步地诱导对方，使他再度产生购买的兴趣。因此，我们在客户的应对态度忽然改变时要提高警觉。

当销售员在与客户接洽生意时，如果客户无法作出决定时，销售员一定会从他的行为表现看出来，客户如果有以下行为表现，是销售员达成交易的好时机：

（1）经过寒暄或谈完产品的销售内容后，客户忽然换方式坐时。

（2）客户忽然请你喝茶时。

（3）客户的眼睛盯着产品说明书、样品或销售员的脸时。

（4）客户脸上的表情，时而紧张又忽然稳定下来。

（5）客户忽然显得很安心的样子。

（6）客户同意销售员的话时。

（7）把身体靠近销售员时。

（8）声音忽大忽小时。

（9）客户嘴里说："啊！糟糕，怎么办呢？"

（10）客户眼看天花板，不说一句话，仿佛若有所思时（客户心里在盘算着利益价值）。

（11）向旁边的人说："喂！你认为怎么样？"

（12）客户自我批评或自我否定时。

尤其是后两者的表现，可以确定客户有相当强的购买欲望，可是有些销售员听到客户说："喂！你认为怎么样？"还不懂是什么意思。如果客户征询意见，问到其太太时，你就可以再加问一声："××太太啊！这个保险价值，我想你一定非常清楚。"然后再重新说明一遍。

当客户做自我批评或否定时，例如说："现在马上就买，可能办不到。"或者说："每个月分期付款，我也没有办法。"这绝对不是在反对销售员，或拒绝购买，实际上是想买或关心的另一种表现，在他的心里，还是希望销售员能多给他点建议，以这种解释来诠释客户的反应是比较妥当的。

怎样做客户才会买

客户的行为往往是购买动机的外在表现，如果能细心观察客户的行为，就不难发现客户的购买动机。

注意！客户在发出购买信号

在不同的销售活动中，成交时机的到来常常会伴随着许多特征变化和相关信号。作为一名销售员应当及时了解并捕捉客户的购买信号，领会客户流露出来的各类暗示。

客户的购买信号具有很大程度的可测性，客户在已决定购买但尚未采取购买行动时，或已有购买意向但不十分确定时，常常会不自觉地表露其内在购买动机。

1. 眼神专注是渴望

最能够直接透露购买信息的就是客户的眼神，若是产品非常具有吸引力，客户的眼中就会显现出美丽而渴望的光彩。例如当销售员说到使用这一项产品可以获得可观的利益，或是节省大额金钱时，客户的眼睛如果随之一亮，就代表客户的认同点是在获利上，此时客户正显露出他的购买讯息。

2. 动作是思想的延伸

你将宣传资料交给客户观看时，若客户只是随便地翻看后就把资料搁在一旁，这说明客户对于你的资料缺乏认同，或是根本没有兴趣。反之，若见到客户的动作十分积极，如获至宝一般地频频发问与探询，则是已经浮现购买讯号。

3. 姿态是信心的表现

当客户坐得离你很远，或是跷着二郎腿和你说话，甚至是双手抱胸，这些都是代表他的抗拒心态仍然十分强烈。当客户斜靠在沙发上用慵懒的姿态和你谈话，或是根本不请你坐下来谈，只愿意站在门边说话，这些都是无效的销售反应。

反之，若是见到客户对你说的话频频点头应和，表情非常专注而认真，身体愈来愈向前倾，即表示客户的认同度高。两人洽谈的距离愈来愈近，客户购买的意愿也更加迫切。

4. 口气与声音是传递想法的工具

当客户由坚定的口吻转为商量的语调时，就是购买的信号。另外，当客户由怀疑的问答用语转变为惊叹句用语时也是购买的信号。例如："你们的产品可靠吗？""你们的服务做得好吗？"等问句，如果变成使用你们产品之后有没有保障呢？""必须多久保养一次？"这些也都透露出客户在认同产品后，心中想象将来使用时可能产生的迷失，因此会以问题来替代疑惑，而呈现想要购买的前兆。

5. 探询深入的问题是想要了解细节

当客户为了细节而不断询问销售员时，这种一探究竟的心态，其实也是一种购买讯号。

如果销售员可以将客户心中的疑虑一一解除，而且答案也令其满意，订单马上就会到手。

怕就怕有些客户会问一些不着边际的话来逗你、让你疲于奔命，或是问一些十分艰涩的问题，企图用问题来打垮销售员的信心。此时销售员必须凭着经验判断客户的用意，并在很快的时间内转移话题，再导入销售之中，才能继续运用先前所努力的成果。

有以上情况发生时，已经不再是需要考虑的时刻了，这些问话，都是成交的信号，你要赶紧抓住这个机会。

其实，客户对产品的具体要求不同，销售产品对其重要程度也有差异，因而客户决定购买所需的时间也不同。

在销售成交阶段，应根据不同客户、不同时间、不同情况、不同环境，采取灵活的敦促方式，对不同的购买信号施以相应的引导技巧，从而保证圆满成交。

怎样做客户才会买

在生意场上，一位杰出的销售员应当在销售活动中始终时刻注意观察客户，学会捕捉客户发出的各类购买信号，只要信号一出现，就要迅速转入敦促成交的工作。

8大征兆泄露客户购买信号

如果客户有如下的行为、举止，销售员应将此当作是对方具有购买意愿的征兆，而掌握此一销售良机。以下就是销售员抓住客户有意购买的八个时机。

1. 当客户关注产品介绍时

当将产品的有关细节和付款方法说明之后，如果客户显示出认真的神情，你就应及时地以和蔼可亲的口吻说：

"先生，您要不要先试试看？"

然后静静地等待客户的回答。如果客户还有什么异议，就应设法打消他的疑虑，这非常重要。

2. 在客户举棋不定时

听完有关产品的介绍后，客户可能会彼此间相互对望，动一动眉毛，或者眼神里传递"你的意见怎么样？"这种表情时，表示出他在征求他人的同意，这时，你就可以进行成交，说一声："请试一试吧？"这时，他的太太可能会说："你看呢？我想就按你的意思办吧？"

出现这种状况时，你不妨插口谈些别的话题，最好的话题是围绕他太太的。

"先生，像您两位这样，真是夫妻相敬如宾的典范，既然太太已发表了意见，您就照办吧。"

这种说话技巧，不但会逗人发笑，也会让做太太的产生兴趣，重新把太太引到交易中来，这是接待伉俪客户的一种情形。

3. 在取得客户初步认同时

有时客户会倚在沙发上，或是看着太太，显出百无聊赖的神情，或是满脸的困惑时，你就应当主动上前，走近客户说："请试用一下吧？"这种接近客户的方式，可能产生"认同感"的效果。在客户决定购买时，便可能以这种"认同感"为参考依据。即客户已把自己身旁的销售员，当成好友看待了，有这种"认同感"相助，交易成功也就顺理成章了。

4. 在客户进行思考时

当产品介绍结束后，房间里可能会恢复沉默，客户们轻轻地松一口气，眼光看着会议桌，这时你必须赶快凑近去说"请试用一下吧。"

5. 在客户提出问题时

若客户老问："先生，请问这车子的时速最快可达多少公里？"此时，客户不仅已对产品产生兴趣，同时也意味着准备购买了。在这种情况下，销售员不但要回答客户的问题，并要看着客户的眼睛说："请试用一下吧。"

6. 在客户产生兴趣时

客户的眼神显露出灵活、有神、明朗、兴奋时，表示客户已准备购买了。当客户露出小孩有件新玩具时那样的眼神时，销售员决不可轻易放过。

7. 在客户表示不了解时

客户眼朝下看，露出"不懂"的神情时，这是销售的好机会。

8. 在客户口若悬河时

有些客户口若悬河，手臂放在桌上，积极参加讨论。另一些客户则镇静自若，专心倾听，只偶尔询问一下付款方法。这些都表示客户对产品有浓厚的兴趣，已准备购买了。

客户在无意识中已通过显示这么多信号给你提供暗示了，因此，销售员应仔细观察、善加把握。

在上述实例中，注意切不可向客户说"买一个吧，先生……"而应该说："请试用一下这个产品。"这"试用"二字，能使客户产生一种"由我自行试用"的意义，不久即可变成由我自己使用的感觉。因此，这二字很有讲究，是非常有效的。

怎样做客户才会买

在大多数情况下，客户决定购买的信号通过行动、言语、表情、姿势等渠道反映出来，销售员只要细心观察便会发现。

捕捉客户弦外之音，促进交易

语言信号是客户在洽谈过程中通过语言表现出来的成交信号。大多数情况下，客户的购买意向是通过语言形式表示出来的。这也是购买信号中最直接、最明显的表现形式，销售员也最易于察觉。通常表现为：关心送货时间或怎样送货；询问付款事宜，包括押金、资金或折扣。口头或非口头地向配偶、朋友或亲人等征求赞同。例如：

"一次订购多少才能得到优惠呢？"

"离我们最近的售后服务中心在哪里？"

"有朋友说它性能非常可靠，真是这样吗？"

"您的产品真是太漂亮了！"

"这倒满适合我们的，能试用一下吗？"

上面所列的种种表现，仅仅供销售员参考。一名优秀的销售员不仅知道如何捕捉客户的购买信号，而且应该知道如何利用这些购买信号来促成客户的购买行动。

下面一则案例，或许可以给我们提供一些有益的启示：

某家产品的销售员对产品进行现场示范时，客户发问："这种产品多少钱一件？"对于客户的这个问题，销售员可有三种不同的回答方法：

（1）直接告诉对方具体的价格。

（2）反问客户："你真的想要买吗？"

（3）不正面回答价格问题，而是给客户提出："你要多少件？"

在所举的三种答复方式中，哪一种答法为好呢？很明显，第三种答复方法可能更好一些。客户主动询问价格高低，这是一个非常好的购买信号。这种举动至少表明客户已对销售的产品产生了兴趣，很可能是客户已打算购买而先权衡自己的支付能力是不是能够承受，如果对方对销售员介绍的某种产品根本不感兴趣，一般人是不会主动前来询问价格的。

这时，销售员应及时把握机会，理解客户发出的购买信号，马上询问客户需要多少数量，会使"买与不买"的问题在不知不觉中被一笔带过，直接进入具体的成交磋商阶段。销售员利用这种巧妙的询问方式，使客户无论怎样回答都表明他已决定购买，接下来的事情就可以根据客户需要的数量，协商定价，达成交易。

如果销售员以第一种方式回答提问，客户的反应很可能是："让我再考虑考虑！"如果以第二种方式回答对方问题，表明销售员根本没有意识到购买信号的出现，客户的反应很可能是："不！我只是看看。"由此看来，这两种封闭式的答复都没有抓住时机，以致销售员与一笔即将到手的生意失之交臂。

其实，客户对产品的具体要求不同，销售产品对其重要程度也有异，因而客户决定购买所需的时间也不同。销售员只有时刻注意，认真细致，才不会失去机会。

怎样做客户才会买

客户只会通过一些购买信号来表达他想成交的信息。销售员应密切注意和捕捉客户发出的各类信号，特别是语言信号，抓住稍纵即逝的时机，使自己的销售活动获得成功。

抓住成交时机，趁热打铁促交易

在销售过程中，销售员应该始终注意寻找成交时机。时机成熟时，应趁热打铁，促成交易。

如果你试图过早成交，客户会觉得你目中无人，莽莽撞撞，这就会使成交变得极为困难；

如果你下手过晚，也会错过成交时机，丢掉交易。

销售员要善于等待时机，时机一到立即成交。当你感到客户已经完全了解了你的产品，

可以作出决策了，你就要一鼓作气，与客户成交。

这就好比弯一根铁棒，如果只是把铁棒加热一点，然后去弯，它就会抵抗你的力量，或者冷却下来，或者被掰断；如果加热过度，它就会变形、弯

曲直至融化；（如果向客户过度销售，他会认为这是一个圈套，转身跑掉）只有当铁棒红热时，它才容易弯曲。

销售员应等待客户的情绪升温，火候一到，就趁热打铁，客户会乖乖按你的要求去做。很多的迹象或购买信号，可以告诉你，火候已到，可以让客户订货了。

下面是一些最常用的购买信号，应当认真领会。

当客户出现下列表现时，成交的时机就到了：

（1）扬起眉毛，看他的同伴。

（2）咬嘴唇。

（3）舐嘴唇。

（4）低头，挠头。

（5）对你说的话点点头，表示赞同。

（6）瞳孔放大，显示赞同意愿。

（7）揉拭下巴或后脑勺。

（8）开始敲手指。

（9）露出沉思表情，往窗外看。

（10）摸胡子，或捋胡须。

（11）满意地微笑。

（12）身体前倾，显示兴趣。

（13）问"要是……"这样的问题。

（14）变得很安静，特别是原先爱动的脚不动了。

（15）拿起或握住销售材料。

（16）不断抚摸头发。

（17）不时看看销售材料，又看看销售员。

（18）问已经说过的问题，如"你能再说一遍吗"等。

（19）重复他已经问过的问题。

（20）上下嘴唇翕动，似乎在算计什么。

怎样做客户才会买

不论客户发出了怎样的购买信号,重要的是要记住,不要成交太早,也不要太晚,要等到客户对销售产品有了足够的了解,知道该产品的利益,能够作出决策时,再试着去成交。

第八章
谁都拒绝不了的销售术，卖什么都成交

反客为主，快刀斩乱麻

反客为主式成交法是销售员在无法满足客户要求的情况下，通过适当巧妙的反驳，引导客户改变主意，最终促使客户下决心签单购买产品的一种技巧。

某公司销售员在销售冰箱时，遇到一个客户表示需要冰箱，但是对冰箱的颜色提出了严格的要求。客户说："你们有银白色电冰箱吗？"此时，销售员马上意识到自己所销售的冰箱中并没有这一款。但他没有直接回答，因为一旦他直接回答没有，客户就会说，没有就不买。

销售员想了想，就反问客户说："抱歉！我们没有生产这种颜色的冰箱。不过，我们销售的冰箱有好多种可以供您挑选，有白色的、有棕色的、有粉红色的。在这几种颜色里，您比较喜欢哪一种呢？"

客户说："我想要银白色的！"

销售人员说："白色的、棕色的、粉红色的，都很不错的。您选一种试试看，您就会发现它们真的很不错。"

客户说："我想要银白色的。选其他颜色有什么用呢？"

销售员说："当然有用。不信您选选试一试。选一选，试一试，您就会体味到这些颜色的冰箱有不少是适合您的需求的。"

于是，客户就不再推托，跟着销售员去挑选冰箱。在挑选冰箱的过程中，销售员逐一向客户介绍了白色的冰箱、棕色的冰箱、粉红色的冰箱，并给客户讲了配合什么样的家具更显得协调合适。

在看冰箱的过程中，客户逐渐对白色冰箱产生了兴趣。销售员趁机说服客户购买白色的冰箱，并向客户介绍冷暖色的一些简单知识，告诉他，对于冰箱来说，白色是非常合适的。因为白色是冷色，给人以清凉的感觉，使用这样的冰箱，往往容易给人一个好心情。客户听了后，觉得也挺有道理，便让销售员帮他选择了一款白色冰箱。

就这样，销售员采用反客为主的方式，促成客户签下了一单。

上述事例中，客户有相关需求，却没有他中意的款式和颜色。此时，要想争取客户的订单，销售员很容易遭到拒绝。但是，该销售员没有直接回答客户的问题，而是采用反问式的回答，慢慢引开了客户的注意力，最终引导客户购买了产品，把看起来不可能的订单给争取过来了。

一般而言，销售员在利用这种成交技巧促成订单时，需要注意以下几点：

第一，态度要真诚。

反客为主式成交法实际上是否定客户的意见，让客户"改变主意"转而听从销售员的意见。此时，销售员必须要真诚，让客户感觉到要求他改变意见是真正为他着想，而不是为了否定他，不是为了向他销售产品。否则，客户是上帝，销售员否定了"上帝"，要想获得订单就不可能了。

第二，要尊重客户的意见，与之耐心交流。

在要求客户"改变主意"时，销售员一定要注意尊重客户的意见，与客户交流，耐心说服，不能强行要求客户。否则，不仅无法达到成交的目的，还有可能给销售员及其公司带来负面影响。

在销售过程中，销售员如果能够灵活运用反客为主的方法，则可能争取到一些看起来不可能的订单。因此，要想获得更多订单，销售员了解和掌握这一种技巧，是大有裨益的。

怎样做客户才会买

当客户问到某种产品，不巧正好没货时，要想争取到客户的订单，销售员最好采用反客为主的方法，反驳客户的问题，以此来促成订单。

收回承诺，吃定反悔的客户

人性有一个弱点，就是得不到的都觉得是最好的，很容易得到的却不怎么懂得珍惜。在销售上，卓越的销售员就很善于利用人性的这个弱点来做文章，比如收回承诺策略利用的就是这个人性的弱点。

收回承诺是指原本答应了客户以某个价格出售产品，但是过了一会就反悔，然后把价格提升上去的行为。使用收回承诺来和客户打交道的技巧，就是"收回承诺策略"。

高明的销售员都懂得收回承诺的策略，这种策略往往可以使用在对价格非常敏感的客户身上。有些客户对砍价的行为一再地坚持，他所表现出来的坚决，连销售员都会甘拜下风。然而，收回承诺策略能使客户最后不但接受销售员涨价之后的价格，而且还感觉自己占了便宜。

销售员杰克逊向一个客户销售一批小产品。刚开始时，他给客户的报价是每个3.60元，客户讨价还价为3.50元。这样反反复复地谈了很长时间，最后杰克逊表示："3.55元，不能再低了。"

然而客户却想：从3.60元降到3.55元，要是我继续坚持，压到3.52元应该没问题。于是，他就对杰克逊说："不用说你也知道，现在市场竞争这么激烈，和你同类型的产品到处都是，你们的生意也不容易做，我也不能贪得无厌。这样吧，每个3.52元，你让一步我也让一步，咱们俩就别再消磨时间了。有这时间和功夫你都可以再去做成好几家生意了。怎么样？我可是真心实意的，就看你的诚意了。"

杰克逊心里想：我要是答应了他的这个报价，很有可能又会引来下一轮的讨价还价，不敢保证他不是在试探我呢？

毕竟杰克逊历过的交易非常多了，所以他并没有立刻答应客户的报价，而是对客户说："你的这个报价，我现在不能马上答应你，得去问一问我们理，和他商量一下，才能决定。"说完他就走进了后面的理办公室。

很快，杰克逊就回来了，脸上露出了一副很为难的表情："非常对不起！刚才我犯了一个错误，理告诉我，这种产品由于采用了最新工艺，所以成本要比其他同类型的产品高，我刚才说的3.55元那是采用新工艺之前的价格，如今的单价最低也要3.65元了。实在很抱歉，你看由于我的疏忽，犯了这么大的过错！"

"你说什么呢？你也别道歉了，浪费了我这么长时间，你必须给我个交代呀。我不懂什么新工艺旧工艺，总之就按你刚才说的价钱，每个3.60元，我也不跟你多说了，以后咱们合作的机会还多着呢。这样吧，一手交钱，一手交货！"客户脸上挂满了不悦。

考虑了一会儿，杰克逊才假装很犯难地答应了客户的要求。客户则自以为跟杰克逊打了一场漂亮的"攻坚战"。于是，客户交了货款提了货之后，杰克逊便不动声色地离开了。

其实，事实的真相是：这批小产品采用了新工艺没错，但这指的是产品的生产成本降低了，产品的合格率提高了，跟产品的性能没有多大的关系，跟产品的价格更没有任何关系。

在这次交易中，销售员杰克逊采用的就是收回承诺策略。杰克逊的"收回承诺"，致使客户以为自己是这场交易中的赢家！事实上，杰克逊才是这场交易的最后胜利者。

怎样做客户才会买

在交易中不让客户感觉他吃了亏,反而让客户感觉自己占了便宜,这才是一名销售高手的杰出表现。而收回承诺策略,则能很好地收到如此效果。

故意冷淡,吊足客户的胃口

故意冷淡法,是指对成交表现漠不关心的神情,诱发客户探询你的真实意图,顺水推舟达成交易的方法。

当你用漠视去面对某些客户时,这些客户会以为你手上的东西很有价值,所以才敢不重视他们,于是他们就会对你和你的产品感到好奇并产生兴趣,购买了你的东西后,还觉得自己占了便宜。

那么,这样的客户是什么样的呢?这一类客户,往往是恃才而傲自以为无所不知、无所不晓、无所不能的人。在这种人看来,根本不用什么销售员就可以买到最好的产品,因而他们觉得根本没必要与什么销售员打交道,他们还一直认为销售员是一种多余的角色。

对待这种类型的客户,当你和他们交谈时,你可以表现出一种客气的态度,在这种客气之中,你要包含一种对成交是否成功漠不关心的神情,就好像你根本不在意这件事一样,故意形成"卖方市场"的情形。

于是乎,这类客户心里就会非常想知道你为什么会胆敢那么漠视他们。要知道,他们这种人总认为自己是一个非常了不起的人物,无论去到哪里都应当受到别人的尊重和关注。现在你居然对他们态度冷淡,他们自然会感觉恼怒,然后十分想去了解你对他们冷漠的原因,进而对你和你的产品产生好奇和兴趣,最后以购买你的产品而告终。

在销售过程中,当你遇到这种类型的客户时,你可以用类似于这样的语气和他们交流:"尊敬的先生,您大概不知道,我们的产品并不是随随便便地对任何人都进行销售的，否则会影响我们公司的声誉！"

当他们感到很讶异时，你可以接着这样说："我们公司只对特殊的客户服务，对客户和服务项目都要过严格的核查和选择。"

你可以继续这样说："在选择销售对象上，首先我们要求客户必须符合一定的条件。话又说回来，能符合这种条件的客户不是很多，而您恰恰是这些为数不多的客户中的一位。"

让客户消化一下你的话后，你可以稍微对他们谈及一点生意上的事情："如果您想了解我们对客户的服务事项，我们可以提供一些资料给您。"

但要记住的是，即使客户同意了你的意见，并表示出了想购买的意愿，你还是仍应装出一种满不在乎的态度，要让客户觉得做成这笔交易，对他更有好处，他不买你的东西是他的损失而不是你的损失。

怎样做客户才会买

有时候，对待某一类客户，你不能对他们表现出热情，反而要对他们不重视，故意冷淡。这样，他们反而会重视你，对你感到好奇和兴趣，进而对你的产品感兴趣，最后购买你的产品。

避重就轻，成交四两拨千斤

避重就轻成交法，也叫作小点成交法，就是围绕主要焦点，在周边问题上与客户取得一致的意见，或者在核心交易的谈判陷入僵局时，在次要的交易上与客户达成协议，达到循序渐进地影响和引导客户最终完成交易的目的。一般而言，在销售过程中遇到了阻力或者困难时，销售员采用这种方法可以逐步突破阻力或者困难，促使客户下定决心签单。

某办公用品销售员到某公司的办公室去销售碎纸机。

该办公室主任在听完产品介绍后,摆弄着样机,自言自语地说:"东西倒是挺合适,只是办公室这些年轻人毛手毛脚的,只怕没用两天就坏了。"

销售员一听,马上接着说:"这样好了,明天我把货运来的时候,顺便把碎纸机的使用方法和注意事项给大家讲讲。这是我的名片。如果使用中出现故障,请随时与我联系,我们负责维修。主任,如果没有其他问题,我们就这么定了?"

办公室主任听了这话,觉得有道理,便与销售员签订了订单,让销售员尽快把产品送到公司来。

在该事例中,销售员巧妙地使用了避重就轻的交易技巧。本来客户方最担心的是购买该产品后"这些年轻人毛手毛脚的,只怕没用两天就坏了",销售员却巧妙地回避了这一点,把话题的重点转移到了"把碎纸机的使用方法和注意事项给大家讲讲,如果使用中出现故障,请随时与我联系,我们负责维修"。就这样,销售员不知不觉地消除了客户的顾虑,促使客户下决心购买了产品。

在销售过程中,一些销售员在核心交易额太大或者买卖双方意见分歧较大时,往往就从配件、小批量交易或者交易的较次要因素,如款式、付款方式、维修等方面与客户达成一致。一旦客户与销售员达成了一致意见,就往往容易作出签单购买的决定。

在促成订单的诸多技巧中,避重就轻成交法是一种有效地突破销售障碍,排除销售过程中一切不利因素,最终获得订单的技巧。当然,对于销售员来说,要想运用好此技巧促成订单,还需要了解避重就轻成交法的适用情境。

一般而言,在以下几种情境中比较适合采用避重就轻成交法促成订单:

(1)当交易的数量或者数额较大时。在销售过程中,交易数额越大,客户越容易形成交易心理障碍。此时,销售员采用此种技巧,往往可以帮助客户减轻心理压力,促使他们下决心签单成交。

(2)当买卖双方的意见分歧较大或者在对主要交易要素存在不同的看法时。此时,销售员采用此技巧,可以避免出现争论,为成交创造良好的氛围。

（3）当交易过程复杂时。比如，涉及的人员和部门较多，或者交易的时间长，可以先从小的方面达成一致，然后再争取达成大的协议。面对这样的交易，销售员不要企图一步到位，而是需要一点一点地向成交靠拢。在这样的情境下，销售员采取避重就轻成交法促成订单，往往能够使复杂的交易过程逐渐变得简单化。

（4）当客户无法立即就所有的交易要素作出决定时。销售员采取避重就轻法，往往能够促使客户下决心签单购买。

（5）当大宗或者核心交易完成的希望渺茫时，销售员采用此法，不至于使交易完全落空，至少可以获得一小笔订单。

（6）当交易的要素很多时，如大型设备、大宗货物，对货品、型号、款式、价格、批量、交货、付款、售后服务、技术支持、配件和动力、维修等各个交易要素均要达成一致，往往比较困难，此时采用避重就轻成交法，逐步做好基础工作和必要的铺垫，往往能使签单水到渠成。

当然，销售员要想利用避重就轻法促成订单时，还需要注意一些问题，只有这样，才能收到较好的效果：

（1）不能忘记根本目的是最终达成交易。

（2）避重就轻成交法也是一种心理学方法，销售员要研究客户的心理。

（3）避重就轻成交法本身可以作为一种取巧性策略，即"无形中牵着客户的鼻子走"，但要注意避免弄巧成拙，把客户看成傻瓜是非常愚昧的。

（4）要做良好的设计，包括回答下面的一些问题：如何围绕主题来设计成交？如何避重就轻？该"避"那些？该"就"那些等等。

（5）不要东扯南山西扯海。销售员避重就轻，但是"就轻"的"轻"也应该是客户关心的、有关交易的要素，漫无边际地瞎扯很容易招致客户反感。

（6）注意在交易过程中对客户施加影响和积极引导。

（7）避重就轻成交法是一种突破障碍，先达成一系列的小交易，然后再实现达成大交易的方法。因此在此过程中可能会遇到交流、信息反馈、异议处理等问题，销售员要妥善处理这些问题。

总之，在销售过程中，避重就轻成交法是销售员遇到成交障碍时，暂时绕过障碍，达成其他的一些较小的交易，最终克服障碍，达成大交易的技巧。销售员要想促成订单，使用好此技巧，往往就能够突破障碍，获得订单，至少是一部分小订单。

怎样做客户才会买

在销售过程中，遇到许多销售"死结"时，只要巧妙地使用避重就轻法，就可以出现柳暗花明的局面。

以二择一，客户必买其一

一般来说，销售员给客户提供的选择越多，客户越是不容易下定决心。

尽管无法解释人们为什么在四个或更多的选择面前会变得迟疑迷惑。但建议销售员最多向客户提供三种选择。以两种为最佳，即所谓的"以二择一"。

所谓"以二择一"，包括这样两个因素：一是仍将客户视为业已接受你的产品或服务来行动；二是用"肯定回答质询法"来向客户提出问题。具体方法是，在问题中提出两种选择（例如规格大小、颜色、数量、送货日期、收款方法等）让客户任意选择。

当销售员观察到客户有购买意向的时候，应立即抓住时机，采用"以二择一"法与客户对话。如下例：

客户："保险是很好的，只要我的储蓄期满即可投保，10万20万是没有问题的。"（其实是决心未定，准备溜之大吉）

销售员："您的储蓄什么时候到期？"（采取迂回战术，顺藤摸瓜，毫不放松。）

客户："明年2月。"（说话时为3月，即还有差不多一年的时间，是真，还是假？）

销售员："虽说好像还有好几个月，那也是一眨眼的工夫，很快就会到期的。我相信，到时候您一定会投保的。"（给对方先吃定心丸，使之心情放松）

销售员："既然明年2月才能投保，我们不妨现在就开始准备，反正光阴似箭，很快就会过去了。"

说完，拿出投保申请书来，一连读着客户的名片，一边把客户的大名、地址一一填入。客户虽然一度想制止、但销售员不停笔，还说："反正是明年的事，现在写写又何妨。"

销售员："您的身份证可借我抄一下号码吗？反正是早晚都得办的事。"

"保险金您喜欢按月缴呢，还是喜欢按季度缴？"（又是一个以二择一）

客户："按季度缴比较好。"（销售员在申请书上填好）

销售员："那么受益人该怎样填写呢？除了您本人外，要指定公子，还是太太？"（又是一个以二择一法）

客户："太太。"

销售员："你方才好像讲是20万元？"（做出填写的样子，但这时千万要注意，没等到对方明确答复时，绝不能想当然地填写，那样就要弄巧成拙了）

客户："还是10元万好了。"

销售员："好吧，就填10元万。请您先交这个季度的3万元。"

客户："啊？好吧。"

客户乖乖地在销售员的申请书上签了字。

怎样做客户才会买

以二择一成交法适用于客户的选择太多，拿不定主意时。当这种情况发生时，你应当控制住局面，利用消除法，将选择缩小到两个。当只有两种选择时，问客户他更偏向于哪种，一旦客户选择了一种，就趁热打铁，促成客户成交。

借助"第三者",提升成交筹码

为了刺激客户采取购买行动,有时候你说 100 句也顶不上你引用一次第三者对你产品的评价。

谈到你要出租的一块土地,你可能对你的客户说:"前不久一个客户也来此地看过,他觉得非常满意,想在此地盖栋别墅,可惜后来,他因资金周转不灵而无法购买,我也为他感到遗憾。"

这种方法效果非常好,但是如果你是说谎又被识破的话,那可是非常难堪的,所以应该尽量引用事实来销售。

这一技巧的妙处在于,一般的客户对于销售员的印象总是不那么好,对于销售这种售卖方式也持怀疑的态度。但是如果你非常成功地引用了第三者的评价来游说客户,那么客户一定会有一种安全感,他本人也会消除对你的戒心,相信你给他作的产品介绍,因此他便认为购买你的产品要放心得多了。

假如你为一家公司销售一种新式化妆品,而这家公司已在电视上做过广告,那么你的销售一定应从广告(电视台也是一种第三者)开始。

如果你知道某位"知名人物"曾盛赞或使用了你正在销售的产品,那么你的销售会变得比原先容易得多,因为电影明星、体育明星等"知名人物"一定会比你更容易得到信赖,说服力也就当然比你强得多。

但这样的好事,未必就落在你所销售的产品上,那也不要紧,你如果能打听到你的客户的周围有一个值得信赖的人,曾说过你的产品的好话,你就应该不失时机地加以应用。甚至你可以先向他销售你的产品,只要你很聪明,无论成与不成,你都能从他的口中获得对你的产品的赞美之辞,这会成为你在他的影响力所及的范围内进行销售的通行证。

当然,假如你引用一个客户并不了解也不认识的人的话,也不一定就没有效果。只要这话的确有理,那么他仍然会觉得言之有理而加以考虑。如果你去销售圆珠笔,你可以对客户说:"我的一个朋友每半年总要买上七八支圆珠笔，在他常工作的地方，每处放上一两支，他说这样很方便，因为那样就不会出现急需要用时还得满处去找笔的情况了。随手拿来就用当然再方便不过，而且七八支笔使用平均，半年都不用换新的，所以比一次买一支要划算得多。"

你的客户听了这段话一定会觉得言之有理，他便很可能从此改变了他的购买方式，一下子从你这里买去许多支圆珠笔，从而使你的销售额成倍地增加。

另外，还可利用第三者的评论来佐证产品的质量和服务，以此反驳对方的反对意见。

"理先生，请您看看这里，这一部分使用的材料是具有特高硬度的合金，所承担的压力相当于旧产品采用金属的三倍。这儿有一份超硬合金的分析表（资料法）。前三天某一家精密仪器公司，也买了同样的产品，他们反映说性能特佳、生产力极高，大家都很高兴。这里还有一份工业周刊的记载，请您参考一下，正如它所推荐的一样发挥了高度的功效，在市面上大家都说是划时代的产品（市场评价）。某工业公司的洪博士很称赞这种新式机器（权威专家的赞誉）。"

如此，客户就会对你的产品兴趣大增。

怎样做客户才会买

巧妙地引用他人的话，特别是买产品的第三者的话，向你的客户说出他人对你的产品评价，有时会收到意想不到的销售效果。

让客户参与到买卖中来

不管你销售什么，你的最终目的是让对方尽可能完整地接受你的方案或产品。销售方经常要写计划书、建议书、可行性报告等等。大多数人为了给对方留下一个美好印象，把这些书面文件做得尽善尽美，无可挑剔。遗憾的是，这类会让专家点头不已的文件，放到销售对象——客户面前后，往往毫无效果。为什么呢？完美文件的制作者或许精通自己手中的产品或方案，却不懂得人性的特点之一是喜欢参与！

苏联有一位画家每次给小说画插图时，总是在一个角画上一只狗。编辑当然坚决要求删除这条不伦不类的狗，画家则"据理力争"，最后才"迫不得已"，忍痛割爱。结果，插图的其他部分几乎不会有什么改动就发表了，画家达到了他真正的目的。

每一个人都希望自己为某些事物的发展和形成出一份力，特别是这些事物非常美好时。这就是"参与心理"。

美国纽约布鲁克林一家大医院要扩充设备，准备购置一架全美最好的X光仪器。一大群销售员团团围住负责审查X光仪器的L博士，炫耀自己的仪器有多好，是全美最好的。唯有一家公司的销售员声称自己的仪器虽属全美最好产品，但仍不够完善，正在努力改进，希望L博士能前来公司提出改进意见，并称届时派人专程来接。

L博士感到十分惊讶，同时更感到荣幸，因为从来还没有一个X光仪器制造商征求过他的意见。这立刻使他觉得自己身价倍增，尽管那个星期的日程已经排得满满的，但他还是取消了一次晚宴，前去看那部机器。他越是研究，越是发现他离不开它。

"我感觉并没有人销售那部机器。我觉得买下那部机器是出于我自己的意愿。由于它的质量绝佳，我买下了它。"L博士事后这样说。

怎样做客户才会买

对有验的客户来说，他会对一件产品发生兴趣，但他们往往不是当时就买。专业销售员的任务就是要创造一种需求或渴望，让客户参与进来，让他感到兴奋，在客户情绪到达最高点时，与他成交。

ABC 成交法，逐步导向成交高潮

这是最简单的成交法，像 ABC 一样简单，它由 3 个问题构成。当你平稳结束了销售过程，没有听到过多的消极回应或异议时，可以使用这种方法。

下面就是 ABC 成交法的例子：

台阶 A

销售员："你还有什么问题吗？"

客户："没有了，我想没有了。"

台阶 B

销售员："这么说，你对一切都很满意？"

客户："是的，我想是这样的。"

台阶 C

销售员："好的，我们可以成交了。"（伸出手）

或者

台阶 A

销售员："你还有哪里不明白，有需要我重复的地方吗？"

客户："没有了，我都明白了。"

台阶 B

销售员："这么说，你对一切都很满意？"（点头）

客户："是的。"

台阶 C

销售员："好的，咱们成交吧！"（伸出手）

客户："这么说，咱们可以成交了？"

销售员："很好，这么说你决定买它了？"

客户："我们可以达成协议了吧？"

销售员："你想现在就带走，还是想我们给你送去？"

怎样做客户才会买

运用ABC成交法，要使每一个提问都预设一个"圈套"，而且要环环相扣，一步一步诱导客户进入预设的最后的"圈套"，从而达成交易。

来之不易式成交法，拴住客户的心

来之不易的东西具有更大的诱惑力，因为并非人人都能拥有。如果钻石与鹅卵石毫无区别，人们也就用不着劳神费力去把它们从地上筛选出来。人们想得到那些别人不大容易得到的东西，而且他们希望被人接受、被人看重，比如无数的乡村俱乐部那些需要显示身份、地位和资格能力的会员们。

运用这种技巧时，销售员不会问："您想买吗？"相反，他会问对方有没有条件，够不够资格买。一旦处理得当，客户就会忘记自己在作出一个本可不作的购买决定——他们的脑子里塞满了能否买得起，是否有资格买的问题！

保险代理人："弗雷德，我坦率地告诉你，你的健康状况令人担忧。我有一些认真的建议能让你有资格买下这份保险。现在，请你在这儿签字，以便我的公司获准与你的医生联系，我会预约一个时间让你做健康检查。"这种成交技巧起作用，是因为每一名保险代理人都懂得那些不具投保性的人都想尽量拿到人寿保险，尤其是当他们健康状况不佳时，他们更想得到可能得不到的东西！

汽车销售员："汤姆，我认为你应当考虑一下那些稍便宜的车型，我想你不可能买最新款的车。"在这里，客户受到挑战，偏要证明一下自己买得起最昂贵的车。

家具厂代表："我的公司在本市只需要一家经销店来代表我们出售各式家具。坦率地说，杰，我们想跟那种实力雄厚、信誉良好的零售商合作。我不敢确定你的商店正合适。"在这里，客户再次受到挑战，急于证明自己有能力和资格与该公司合作。

艺术品交易商："这幅稀有的油画是一位收藏家的拍卖品，我希望看到它只被那些严肃对待艺术收藏的人所拥有。坦率地说，先生，我并不想把它卖给那些一点不欣赏它的人。我对那种只能证明自己出得起钱的人不感兴趣。只有那些具有高品位、真正热爱艺术的人才有资格拥有这幅高质量的油画。"在这里，买主也必须证明自己有条件购买产品。

房地产代理人："这套房子对您来说可能大了点，也许我应该带您到别的地方看看面积小一些的住宅，那样您可以感觉满意一点。"在这里，代理人向客户微妙地提出挑战，并且使他处于必须捍卫面子的状态。

怎样做客户才会买

运用来之不易式成交法时，要"迫使"客户证明自己有资格和能力成为买主，激发客户的占有欲和自私心理，促成客户下订单。

假设成交法，十拿九稳

下面请看一个优秀的服装销售员成功销售服装的例子。

当一个客户在试穿西服看是否合身时，这位销售员没有问："你是否要买？"而是领着客户到镜子跟前让他自己看。"你瞧，这衣服你穿上多合身。"销售员边说还边扯扯客户的衣角，紧接着又说："我们现在去量尺寸吧。"

销售员喊来他的裁缝——仍没有忘记扯着客户的衣角——问道："您瞧，他穿着如何？"

"很好，我现在就为您裁。"裁缝说着，量着尺寸，拿起笔在衣服上画起来。

"腰部合身吗？"销售员问道。

"是的，这样很好。"客户答道。

"先生，裤子就这么长您看如何？"销售员又问。

"啊，当然。"客户回答道。

"先生，您喜欢有反褶的裤脚吗？"销售员问。

"不喜欢。"客户答。

"这套衣服做好需要多长时间？"销售员问裁缝。

"星期四就可以来取了。"裁缝直接告诉客户。

"这身衣服看起来很适合您。"销售员最后又说了一遍，并赞许地点点头。

"随我到领带室来，我为您选一条配套的领带。"他说着，挽起客户的胳膊，走进领带室。

在上面的例子里，销售员一次又一次巧妙地采取了假设成交的方法。从假设客户要照镜子到客户要量尺寸，又到要定做衣服的时候至最后要配领带，无一不是销售员假设的结果。

客户没有说出"不"字，也就暗示同意了。销售员知道此时这笔生意已十拿九稳了。

销售员在确认这桩生意能成交之前一直没有停止采用假设的方法，到客户走出商店的时候，他还未停止销售："请下次来时一定再找我。"这里，他又一次地假设客户会再来。

事实上，因为销售员从始至终都在虚构"你要这件产品"的结果，那么，这种虚构的结果如何呢？结果是：客户果然要了这件产品。这属于一种心理定式。

再如，某石油公司培训了一批销售员，他们走近用户时总是这么问："我给您装满××牌汽油好吗？"这里，销售员"假设"两件事：首先是客户需要的是满箱的汽油；其次，客户需要的是本地区销售最贵的那种汽油。倘若销售员只是问用户："您需要哪种汽油？需要多少？"不难想象，这样的结果可能是你只能售出5美元的普通汽油。

只要你稍作观察，你就会发现，像航空公司、出租车公司和酒店业在回答客户询问预订机票、车票和房间时，常常提出这样的问题："您希望把这些费用记在您的签证信用卡上，还是万事达信用卡呢？"这种索要信用卡的方式就是表示成交在望了。当然，假设成交的方法应该在能让客户接受的前提下去完成。

怎样做客户才会买

作为一个优秀的销售员，如果在假设客户愿意购买的前提下，进行销售，这种态度对于客户作出购买决定有着积极的影响。

巧妙的建筑高台成交法

建筑高台成交法又叫喊高价成交法，是指提出一个高于自己实际要求的价格起点，来与对手讨价还价，最后再作出让步，从而最终达成协议。

你知道墨西哥的披肩吗？那是一种用整块布料挖个洞做成的毛织毯。

你想知道罗西是在什么情况下把自己的披肩卖出去的吗？事情经过是这样的：

在一个春光明媚的日子里，墨西哥的一个旅游胜地迎来了一批又一批的游客，他们心旷神怡地欣赏着每一处美景。

就在门口，罗西把一大块苫布铺在地上，并从旅行包里掏出一摞摞披肩，整整齐齐地码放在苫布上。

披肩在墨西哥很盛行，它不仅可以起到装饰作用，而且还可以阻挡风沙的袭击。尤其是一些中年妇女，如果披上一块披肩，更显得风姿绰约。

罗西像往常一样，一边喊着："卖披肩喽！"一边在人群中寻找着目标。有一对夫妇走到罗西的地摊前，夫人低声对丈夫说："这披肩真美，可惜贵了点。"

"算了，这些披肩在墨西哥到处都有，何必在这里买呢？况且马上过时了，买它有什么用？"丈夫不耐烦地说。妻子看见丈夫很不高兴，只好依依不舍地走了。

罗西看到走出很远的夫人，仍不时回头向他这边看，他知道这位夫人很爱披肩。于是他把地摊嘱咐给旁边卖冷饮的老人，就不顾一切地抓起几块披肩，向那对夫妇追去。

当罗西汗流浃背地追上他们时，丈夫对罗西说："我谢谢你的好意，也很佩服你锲而不舍的精神，但我丝毫没有兴趣，你找别人好吗？"

"当然，当然。我是想800比索卖给你，好吗？"罗西答道。

他们没走多远，只听罗西喊："600比索，你们要吗？"可是，他们像没有听见一样，继续往前走，甚至加快了脚步，想摆脱罗西的纠缠。

可是，在一个拐弯处，罗西又一次站到了他们面前，喘息着说："500比索，500比索就好了……好啦，400比索。"

丈夫咬牙切齿地说："听着，我们不买披肩，别再跟着我们！"罗西似乎了解了他的意思，但罗西仍没有放弃，他红着脸说："好吧，算你赢了，只卖你200比索。"

"你说什么？"这对夫妇对自己的反应也吃了一惊。

"200比索。"罗西重复道。

"让我看看你的披肩。"经过一番讨价还价之后，这对夫妇终于以170比索买下了一条披肩。

当夫妇二人告别旅游胜地回到家中，在另一个集市上又碰到了卖披肩的商贩。一问价钱，同样的披肩才卖150比索。

怎样做客户才会买

运用建筑高台成交法，先预设一个较高的价格，当客户提出异议时，可一步一步适当降价，引导客户达成交易。需要注意的是，和客户说降价时要谨慎开口，降价幅度不要太大，否则会给自己造成被动。

适合任何场面的比较成交法

推理和比较是一种非常有趣也是非常成功的成交法,你可以用简单、轻松、愉快的方式来使用它。使用这种方法,可以使客户看到希望,转变看法。

下面是几个成功的比较成交法的例子。

"赵经理,买这件产品就是一项投资,像任何投资一样,你利用的时间越长,它的价值就越大。这就像骑自行车一样。你蹬的时间越长,它跑的就越远。但你可以在任何时候停下来,下车。同样,买这个产品也是这个道理。你用的时间越长,它的价值就越大,而且你可以在任一时间将它卖掉。但你首先必须做的是,骑上车,蹬起来。我说的有道理吗?"

"王先生,不要把它看成是花销,这不是花销,是投资。不管什么时候,只要你愿意,你就可以把它卖掉。就像储蓄账户一样。你每个月都可以往这个账户里存钱。当这个账户存在时,你可以享受该产品的好处,如果你以后想关闭这个账户,你可以把钱全取出来。所以,我不是要让你花钱买东西,而是要让你投资,我说的对吗?"

"朱先生,现在有头等舱和经济舱两种票。但它们的价格是一样的,你可以自由选择。不过既然价格相同,我们还是应当坐头等舱,你同意吗?"

"张小姐,这就像私人养老金计划一样,你每个月同样是往里存钱,唯一的区别在于,你不必等到退休才享受它的好处,你从第一天就可以享受它的好处,此外,你还拥有了一份时刻都在增值的资产。李小姐,我想你是明白这个道理的,怎么样,咱们谈一谈吧?"

"吴先生,当你洗澡时,你不是一下子就跳进澡盆里去的,而是先伸出大脚趾,划动一下水,试试温度。这就是我现在要请你购买的原因,先伸出大脚趾,试一下。如果你觉得合适,你可以再往里探一下,这样不是更好一些吗?"

运用对比成交法,准确地抓住了客户的购买心理。这种办法适合任何销售，而且简单易行。

怎样做客户才会买

运用比较法，在对比中突出产品的优势，让客户对你销售的产品优势一目了然，发生兴趣，成交也就水到渠成了。